Heute kochen viele kreative Köche fleischlose Gerichte auf höchstem Niveau, und das mit grossem Erfolg. Aber auch privat kochen und geniessen viele Leute immer öfter vegetarisch. Höchste Zeit also für ein neues, umfangreiches Buch mit vielen köstlichen Ideen. Entdecken Sie Ihre Lieblingsgerichte in den sieben Kapiteln «Fingerfood und Vorspeisen», «Feines aus dem Ofen», «Herzlich eingeladen», «Klassiker, vegetarisch», «Neu und überraschend», «1 Mal kochen – 2 Mal geniessen» und «Süsses Finale». Wir haben ein herrlich buntes Kaleidoskop von kulinarischen Genüssen für Sie angerichtet.

Betty Bossi

Herausgegeben von der Betty Bossi AG, Postfach, 8021 Zürich.

INHALT

LUSTVOLL VEGETARISCH

Was ist das Besondere an der vegetarischen Küche? Mit den richtigen Rezepten ist sie vielseitig, aromatisch und lustvoll. Vegetarier haben sich entschieden, kein Fleisch mehr zu essen. Und immer mehr Leute, die Fleisch essen, kochen und geniessen öfters fleischlose Gerichte. Dafür gibt es gute Gründe.

Genuss
Vorbei sind die Zeiten, als die vegetarische Küche mit Körnlipickerei gleichgesetzt wurde. Heute ist die vegetarische Küche abwechslungsreich und lustvoll. Viel buntes Gemüse, raffiniert verfeinert, abwechslungsreich kombiniert mit Getreide und Hülsenfrüchten; Einflüsse und Aromen aus der einheimischen und der internationalen Küche schaffen eine reiche Palette von herrlichen Schlemmergerichten, die keine Wünsche offen lassen. Kurz: Die vegetarische Küche entspricht voll und ganz dem Trend der genussvollen und gesunden Ernährung.

Gesundheit
Gesunde, das heisst ausgewogene Ernährung ist heute so wichtig wie noch nie. Denn Übergewicht ist auch in der Schweiz ein grosses Thema. Wir leben im Überfluss, und das schlägt sich auf unseren Hüften nieder. Aber nicht nur bei Fett und Kohlenhydraten langen wir (zu) kräftig zu, gerade die Fleischportionen sind oft grösser als von Ernährungsexperten empfohlen. Auch konsumieren wir Fleisch zu häufig.

Eiweiss ist lebenswichtig für den Körper, aber es muss nicht zwingend Fleisch oder Fisch sein. Heute weiss man, dass eine ausgewogene vegetarische Ernährung mit Milchprodukten und Eiern sehr bekömmlich und gesund ist. Zudem enthalten auch Hülsenfrüchte viel Eiweiss. Wer nicht ganz auf Fleisch verzichten möchte, der tut sich etwas Gutes, wenn mehrmals pro Woche eine vegetarische Mahlzeit auf den Tisch kommt.

Ökologie
Die Schweizerinnen und Schweizer verzehren jährlich 400 000 Tonnen Fleisch. Das entspricht einem Verbrauch von 53 kg pro Person im Jahr bzw. von 1 kg pro Person in der Woche. Um diesen Bedarf zu decken, wird viel Fleisch in die Schweiz importiert, aber auch Kraftfutter für die Nutztiere, 650 000 Tonnen pro Jahr. Ein grosser Teil davon ist Soja, der vorwiegend aus Brasilien stammt. Für die hierzulande benötigte Menge muss in Brasilien eine Fläche bewirtschaftet werden, die in etwa der Schweiz entspricht.

Wir müssten unseren Fleischkonsum um etwa die Hälfte, auf 28 kg pro Person im Jahr, senken, damit wir auf den Import von Fleisch und Futtermitteln verzichten und den Bedarf aus dem Inland decken könnten. Immer mehr Menschen machen sich darüber Gedanken und entscheiden sich bewusst dafür, öfter oder für immer vegetarisch zu essen.

Ethik
Massentierhaltung und der unmässige Einsatz von Antibiotika in der Tiermast lehnen ebenfalls immer mehr Leute ab und entscheiden sich dafür, gar kein Fleisch mehr zu essen oder wenn, dann wenigstens aus natürlicher, artgerechter Tierhaltung. Das ist zwar etwas teurer, aber lieber weniger oft, dafür Fleisch mit gutem Gewissen geniessen.

FINGERFOOD UND VORSPEISEN

HÄPPCHEN ZUM APÉRO UND VORSPEISEN SIND SEHR BELIEBT: MIT DEM RICHTIGEN GERICHT WECKEN SIE NEUGIERDE, SCHAFFEN EINE ANGENEHME GENUSS-ATMOSPHÄRE, UND ALLE IN DER RUNDE FÜHLEN SICH VOM ERSTEN MOMENT AN WOHL. DIESE FEINEN REZEPTE GARANTIEREN EINE GELUNGENE OUVERTÜRE.

Cranberrys

Die grossfrüchtigen Moosbeeren gehören – wie die einheimischen Preiselbeeren auch – zur Gattung der Heidelbeeren. Ihr Geschmack ist leicht säuerlich und zartbitter. Sie sind bei uns im Herbst frisch erhältlich. Beide Beerenarten lassen sich zu Kompott und Chutneys verarbeiten. Sehr beliebt ist auch ihr Saft, der viel Vitamin C enthält.

KRAUTSTIEL-MUFFINS

Vor- und zubereiten: ca. 20 Min.
Backen: ca. 30 Min.
Für ein Muffinsblech mit 12 Vertiefungen von je ca. 7 cm Ø, gefettet und bemehlt

300 g Mehl
1 Päckli Backpulver
1 TL Salz

2½ dl Milch
3 Eier
150 g Krautstiel, in feinen Streifen
100 g rezenter Appenzeller, in Würfeli

1. Mehl, Backpulver und Salz in einer Schüssel mischen.
2. Milch und Eier verklopfen, mit dem Krautstiel und dem Käse beigeben, verrühren. Teig im vorbereiteten Blech verteilen.
3. **Backen:** ca. 30 Min. in der Mitte des auf 180 Grad vorgeheizten Ofens. Herausnehmen, etwas abkühlen, Muffins aus dem Blech nehmen, auf einem Gitter etwas abkühlen, lauwarm servieren.

Tipp: Muffins schmecken frisch am besten.

Dazu passt: Cranberry-Kompott.

Stück: 154 kcal, E 8 g, Kh 19 g, F 5 g

CRANBERRY-KOMPOTT

Vor- und zubereiten: ca. 15 Min.

80 g Zucker
20 g Butter
1 Bio-Orange, wenig abgeriebene Schale und 2 EL Saft
4 EL Himbeerkonfitüre
250 g Cranberrys

Zucker und alle Zutaten bis und mit Konfitüre in einer Pfanne mischen, aufkochen, köcheln, bis sich der Zucker aufgelöst hat. Cranberrys beigeben, zugedeckt bei kleinster Hitze ca. 10 Min. köcheln, warm servieren.

Lässt sich vorbereiten: Kompott 1 Tag im Voraus zubereiten, zugedeckt kühl stellen. Vor dem Servieren warm werden lassen.

Passt zu: Muffins, Käse.

Portion: 186 kcal, E 0 g, Kh 38 g, F 4 g

HEFESCHNECKEN MIT FETA

Vor- und zubereiten: ca. 25 Min.
Aufgehen lassen: ca. 1½ Std.
Backen: ca. 40 Min.
Ergibt ca. 16 Stück

---

400 g Ruchmehl
¼ TL Salz
1 EL Zucker
¼ Würfel Hefe (ca. 10 g), zerbröckelt
60 g Butter, in Stücken, weich
1½ dl Milch, lauwarm
1 Ei, verklopft

---

200 g Feta, zerbröckelt
100 g Doppelrahm-Frischkäse (z. B. Philadelphia)
3 EL Petersilie, fein geschnitten
1 Bio-Zitrone, nur abgeriebene Schale

---

2 EL Milch

---

1. **Hefeteig:** Mehl, Salz, Zucker und Hefe in einer Schüssel mischen. Butter, Milch und Ei beigeben, mischen, zu einem weichen, glatten Teig kneten. Zugedeckt bei Raumtemperatur ca. 1 Std. aufs Doppelte aufgehen lassen.
2. Feta, Frischkäse, Petersilie und Zitronenschale mischen.
3. Teig auf wenig Mehl ca. 4 mm dick auswallen, Fetamasse darauf verteilen, aufrollen (kleines Bild). Teigrolle mit einem Brotmesser ohne Druck in ca. 16 Stücke schneiden. Schnecken auf ein mit Backpapier belegtes Blech legen, sodass sie sich knapp berühren, zugedeckt bei Raumtemperatur nochmals ca. 30 Min. aufgehen lassen.
4. **Backen:** ca. 40 Min. in der unteren Hälfte des auf 180 Grad vorgeheizten Ofens. Hefeschnecken herausnehmen, mit Milch bestreichen, auf einem Gitter etwas abkühlen.

   Tipp: Hefegebäck schmeckt frisch am besten.

Stück: 177 kcal, E 7 g, Kh 19 g, F 8 g

Hefeschnecken füllen

Fetamasse auf dem Teig verteilen, dabei ringsum einen Rand von ca. 1 cm frei lassen. Teig von der Längsseite her aufrollen.

SENF-GUGELHOPF

Vor- und zubereiten: ca. 30 Min.
Aufgehen lassen: ca. 2 Std.
Backen: ca. 50 Min.
Für eine Gugelhopfform von ca. 2 Litern, gefettet

500 g Mehl
½ Würfel Hefe (ca. 20 g), zerbröckelt
1 EL Zucker
1 dl Milch

1 TL Salz
200 g Butter, in Stücken, weich
3 Eier
100 g grobkörniger Senf

1. **Hefeteig:** Mehl in eine Schüssel geben, eine Mulde eindrücken. Hefe, Zucker und Milch in der Mulde zu einem dünnen Brei anrühren, mit wenig Mehl bestäuben, stehen lassen, bis der Brei schäumt (ca. 30 Min.).
2. Salz, Butter, Eier und Senf beigeben, zu einem weichen, glatten Teig kneten. In die vorbereitete Form geben, zugedeckt bei Raumtemperatur ca. 1½ Std. aufgehen lassen.
3. **Backen:** ca. 50 Min. in der unteren Hälfte des auf 180 Grad vorgeheizten Ofens. Gugelhopf herausnehmen, etwas abkühlen, auf ein Gitter stürzen, auskühlen.

   Tipp: Hefegebäck schmeckt frisch am besten.

Stück (1/16): 232 kcal, E 6 g, Kh 24 g, F 12 g

WINDRÄDLI MIT SAUERAMPFER

Vor- und zubereiten: ca. 25 Min.
Backen: ca. 15 Min.
Ergibt 15 Stück

1	**ausgewallter Blätterteig** (ca. 25×42 cm)
½ EL	**Butter**
1	**Zwiebel,** fein gehackt
100 g	**Sauerampfer** oder Rucola, fein geschnitten
1	**Eigelb**
50 g	**Haselnüsse,** geröstet, grob gehackt
¼ TL	**Salz, wenig Pfeffer**
1	**Eiweiss,** verklopft

1. Teig auf dem Backpapier in 15 gleich grosse Quadrate schneiden. Teigstücke von den Ecken her gegen die Teigmitte ca. 4 cm einschneiden. Mit dem Papier auf das Blech ziehen, zugedeckt kühl stellen.
2. Butter in einer Pfanne warm werden lassen. Zwiebel andämpfen, Sauerampfer kurz mitdämpfen, etwas abkühlen. Eigelb und Nüsse daruntermischen, würzen, auskühlen.
3. Sauerampfermasse auf die Mitte der Teigstücke verteilen, Windrädli formen (kleines Bild). Windrädli mit wenig Eiweiss bestreichen.
4. **Backen:** ca. 15 Min. in der Mitte des auf 180 Grad vorgeheizten Ofens. Windrädli herausnehmen, auf einem Gitter etwas abkühlen.

Stück: 114 kcal, E 2 g, Kh 10 g, F 7 g

Windrädli formen

Sauerampfermasse auf die Mitte der Teigstücke verteilen, jede zweite Teigspitze zur Mitte hin falten, gut aneinanderdrücken.

ERBSLI-KNUSPERLI

Vor- und zubereiten: ca. 40 Min.
Ergibt ca. 20 Stück

250 g tiefgekühlte Erbsli, angetaut
1 Schalotte, in Stücken
2 Knoblauchzehen
2 EL Korianderblättchen
20 g gemahlene geschälte Mandeln
¾ TL Salz, wenig Pfeffer

2 Eier
80 g gemahlene geschälte Mandeln

Öl zum Frittieren

180 g Joghurt nature
2 EL Koriander, fein geschnitten
½ EL Limettensaft
Salz, Pfeffer, nach Bedarf

1. Ofen auf 60 Grad vorheizen, Platte und Teller vorwärmen.
2. Erbsli mit allen Zutaten bis und mit Pfeffer pürieren.
3. Eier in einem tiefen Teller verklopfen. Mandeln in einen flachen Teller geben. Erbslimasse mit zwei Teelöffeln zu ca. 20 Kugeln formen. Kugeln portionenweise zuerst im Ei, dann in den Mandeln wenden.
4. **Halbschwimmend backen:** Einen Brattopf ca. 4 cm hoch mit Öl füllen, heiss werden lassen, Hitze reduzieren. Kugeln portionenweise bei mittlerer Hitze rundum ca. 2 Min. halbschwimmend goldgelb backen. Knusperli herausnehmen, auf Haushaltpapier abtropfen, warm stellen, dabei die Ofentür mit einem Kellenstiel einen Spaltbreit offen halten.
5. **Joghurt-Dip:** Joghurt, Koriander und Limettensaft verrühren, würzen, zu den Erbsli-Knusperli servieren.

Portion: 82 kcal, E 3 g, Kh 4 g, F 6 g

MANGO-SESAM-KNUSPERLI

Vor- und zubereiten: ca. 30 Min.
Ergibt ca. 20 Stück

1	**Mango** (ca. 400 g), in Stücken (ergibt ca. 200 g)
25 g	**Puderzucker**
½ EL	**Zitronensaft**
1	**frisches Ei**
120 g	**Halbweissbrot** vom Vortag, ohne Rinde, in Würfeli
1 EL	**Sambal Oelek**
80 g	**Sesam**
	Öl zum Frittieren

1. Ofen auf 60 Grad vorheizen, Platte und Teller vorwärmen.
2. Mango mit Puderzucker, Zitronensaft und dem Ei pürieren.
3. Brot und Sambal Oelek beigeben, gut mischen. Mangomasse mit zwei Teelöffeln zu ca. 20 Kugeln formen, portionenweise im Sesam wenden.
4. **Halbschwimmend backen:** Einen Brattopf ca. 4 cm hoch mit Öl füllen, heiss werden lassen, Hitze reduzieren. Kugeln portionenweise bei mittlerer Hitze rundum ca. 2 Min. halbschwimmend goldgelb backen. Knusperli herausnehmen, auf Haushaltpapier abtropfen, warm stellen, dabei die Ofentür mit einem Kellenstiel einen Spaltbreit offen halten.

Stück: 88 kcal, E 2 g, Kh 6 g, F 6 g

BIERSTANGEN

Vor- und zubereiten: ca. 15 Min.
Backen: ca. 8 Min.
Ergibt 16 Stück

250 g Dinkelvollkornmehl
½ TL Fleur de Sel
⅙ Würfel Hefe (ca. 7 g), zerbröckelt
1 EL Zitronenthymianblättchen
1½ dl helles Bier
1 EL Olivenöl

wenig helles Bier
wenig Fleur de Sel

1. **Hefeteig:** Mehl, Salz, Hefe und Thymian in einer Schüssel mischen. Bier und Öl dazugiessen, zu einem weichen, glatten Teig kneten. Zugedeckt bei Raumtemperatur ca. 1 Std. aufs Doppelte aufgehen lassen.
2. Teig in 16 Portionen teilen, zu je ca. 25 cm langen Stangen formen, auf 2 mit Backpapier belegte Bleche legen. Stangen mit Bier bestreichen, Fleur de Sel darüberstreuen, leicht andrücken.
3. **Backen:** ca. 8 Min. im auf 200 Grad vorgeheizten Ofen (Heissluft). Im ausgeschalteten Ofen ca. 5 Min. trocknen, dabei die Ofentür mit einem Kellenstiel einen Spaltbreit offen halten. Bierstangen herausnehmen, auf einem Gitter auskühlen.

Dazu passt: Stangensellerie-Dip mit Meerrettich.

Stück: 66 kcal, E 2 g, Kh 11 g, F 1 g

STANGENSELLERIE-DIP MIT MEERRETTICH

Vor- und zubereiten: ca. 45 Min.

300 g Stangensellerie, fein gehackt
½ TL Salz
150 g griechisches Joghurt nature
1–2 EL Meerrettich, fein gerieben
¼ EL flüssiger Honig

Stangensellerie und Salz in einem Sieb mischen, ca. 30 Min. abtropfen. Stangensellerie in eine Schüssel geben, Joghurt, Meerrettich und Honig daruntermischen.

Passt zu: Bierstangen, Fladenbrot.

Portion: 59 kcal, E 2 g, Kh 4 g, F 4 g

APRIKOSEN-BOHNEN-PÜREE

Vor- und zubereiten: ca. 20 Min.

250 g Aprikosen, halbiert
1 Zwiebel, in Stücken
1 Knoblauchzehe, gepresst
2 EL Wasser

1 Dose weisse Bohnen (ca. 400 g), abgespült, abgetropft
1 EL Olivenöl
½ EL Zitronensaft
1 TL Garam Masala
1 EL Thymian, fein geschnitten
Salz, Pfeffer, nach Bedarf

1. Aprikosen, Zwiebel, Knoblauch und Wasser in eine Pfanne geben, aufkochen, zugedeckt bei kleiner Hitze ca. 6 Min. köcheln.
2. Bohnen, Öl, Zitronensaft und Garam Masala beigeben, pürieren. Thymian daruntermischen, Püree würzen.

Passt zu: Fladenbrot, geröstetem Brot.

Portion: 76 kcal, E 3 g, Kh 10 g, F 2 g

FLADENBORT

Vor- und zubereiten: ca. 25 Min.
Aufgehen lassen: ca. 1 Std.
Ergibt 6 Stück

250 g Mehl
½ TL Salz
½ TL Kreuzkümmel
¼ Würfel Hefe (ca. 10 g), zerbröckelt
1½ dl Wasser
1 EL Olivenöl

Olivenöl zum Backen

1. **Hefeteig:** Mehl, Salz, Kreuzkümmel und Hefe in einer Schüssel mischen. Wasser und Öl dazugiessen, zu einem weichen, glatten Teig kneten. Zugedeckt bei Raumtemperatur ca. 1 Std. aufs Doppelte aufgehen lassen.
2. Teig in 6 Portionen teilen, zu Kugeln formen, auf wenig Mehl zu je ca. 4 mm dicken Fladen auswallen.
3. **Backen:** Wenig Öl in einer beschichteten Bratpfanne heiss werden lassen. Hitze reduzieren, Fladen nacheinander bei mittlerer Hitze beidseitig je ca. 2 Min. backen. Fladenbrote herausnehmen, auf einem Gitter abkühlen.

Dazu passt: Aprikosen-Bohnen-Püree.

Stück: 182 kcal, E 5 g, Kh 30 g, F 4 g

Garam Masala

Die wichtigste Gewürzmischung Indiens gibt es in so vielen Variationen, wie es Köchinnen und Köche gibt. Meist enthält sie Ingwer, Kardamom, Koriander, Kreuzkümmel, Lorbeer, Muskat, Nelken, Piment und Zimt. Garam Masala wird eher sparsam dosiert und nicht mitgekocht, sondern erst kurz vor dem Servieren beigegeben.

Scones

Kein britischer Five o'Clock Tea ohne frisch gebackene Scones. Die Briten geniessen das luftige Traditionsgebäck mit Butter oder Clotted Cream, einem sehr dicken, streichfähigen Rahm, und Erdbeerkonfitüre. Unsere Scones mit Fenchel-Chutney munden köstlich zu einem Aperitif oder begleiten einen Salat als Vorspeise.

SCONES

Vor- und zubereiten: ca. 30 Min.
Backen: ca. 15 Min.
Ergibt ca. 16 Stück

300 g Mehl
2 EL Zucker
2 TL Backpulver
½ TL Salz
70 g Butter, in Stücken, kalt
1½ dl Milch

wenig Milch

1. Mehl, Zucker, Backpulver und Salz in einer Schüssel mischen. Butter beigeben, von Hand zu einer gleichmässig krümeligen Masse verreiben. Milch dazugiessen, rasch zu einem weichen Teig zusammenfügen, nicht kneten.
2. Teig ca. 2 cm dick auswallen. Mit einem Ausstecher (ca. 5 cm Ø) ca. 16 Scones ausstechen, auf ein mit Backpapier belegtes Blech legen, mit Milch bestreichen.
3. **Backen:** ca. 15 Min. in der Mitte des auf 200 Grad vorgeheizten Ofens. Scones herausnehmen, auf einem Gitter etwas abkühlen, lauwarm oder kalt servieren.

Tipp: Scones schmecken frisch am besten.

Dazu passt: Fenchel-Chutney.

Stück: 110 kcal, E 3 g, Kh 15 g, F 4 g

FENCHEL-CHUTNEY

Vor- und zubereiten: ca. 30 Min.

1 dl Apfelessig
1 dl Apfelsaft
400 g Fenchel, fein gehobelt
2 Zweiglein Thymian
1 EL Zucker
½ TL Salz, wenig Pfeffer

Essig und Apfelsaft mit allen restlichen Zutaten unter Rühren aufkochen. Unter gelegentlichem Rühren bei mittlerer Hitze ca. 15 Min. einkochen, auskühlen.

Passt zu: Scones, Weichkäse.

Portion: 39 kcal, E 1 g, Kh 7 g, F 0 g

FORMAGGINI MIT DÖRRPFLAUMEN

Vor- und zubereiten: ca. 40 Min.

1 dl Aceto balsamico bianco
2 EL Orangenlikör (z. B. Cointreau)
1 EL Oreganoblättchen
1 Schalotte, fein gehackt
125 g entsteinte Dörrpflaumen

4 Frischkäse (z. B. Formaggini ticinesi, je ca. 70 g)

1. Aceto mit allen Zutaten bis und mit Schalotte aufkochen. Dörrpflaumen beigeben, Hitze reduzieren, zugedeckt ca. 20 Min. köcheln, etwas abkühlen.
2. Käse mit einer Gabel in Stücke teilen, mit den Dörrpflaumen anrichten.

Dazu passt: Baguette.

Portion: 254 kcal, E 11 g, Kh 22 g, F 12 g

RHABARBER-FENCHEL-SALAT

Vor- und zubereiten: ca. 30 Min.

200 g	**Rhabarber,** in feinen Scheiben
1	**Fenchel,** fein gehobelt
4 EL	**Sherry- oder Kräuteressig**
2 EL	**Olivenöl**
¾ EL	**Zucker**
2	**Sternanis**
¼ TL	**Salz, wenig Pfeffer**
200 g	**Hobelkäserollen**
einige	**Basilikumblätter**

1. Rhabarber und Fenchel in eine Schüssel geben.
2. Essig mit Öl, Zucker und Sternanis aufkochen, würzen, über das Gemüse giessen, mischen, ca. 15 Min. ziehen lassen.
3. Gemüse auf Teller verteilen, Käse darauflegen, mit Basilikum garnieren.

Dazu passt: Nussbrot.

Portion: 316 kcal, E 15 g, Kh 7 g, F 24 g

Frucht-Gemüse-Salat

Über Früchte in pikanten Gerichten scheiden sich die Geister: Die einen lieben diese Kombination heiss, andere sind eher skeptisch. Aber gerade Skeptiker sollten diesen Salat einmal probieren. Entgegen unserer Wahrnehmung zählen Tomaten botanisch zu den Früchten, Melonen dagegen zu den Gemüsen. In diesem Gericht vermählen sich die beiden in köstlicher Harmonie.

TOMATEN-MELONEN-SALAT

Vor- und zubereiten: ca. 20 Min.
Backen: ca. 1 Std.

500 g Tomaten, in ca. 5 mm dicken Scheiben
1 Knoblauchzehe, in Scheibchen
40 g Puderzucker
1 TL Fleur de Sel
1 TL schwarze Pfefferkörner, zerdrückt

1 Melone (z. B. Cavaillon), halbiert, entkernt, in Würfeli
1 EL Majoranblättchen
1 EL Olivenöl
½ Zitrone, nur Saft

1. Tomaten und Knoblauch auf einem mit Backpapier belegten Blech verteilen. Puderzucker darüberstäuben, würzen.
2. **Backen:** ca. 1 Std. im auf 120 Grad vorgeheizten Ofen (Heissluft). Tomaten herausnehmen, auf einer Platte auskühlen.
3. Melonenwürfeli auf den Tomaten verteilen, Majoran darüberstreuen. Öl und Zitronensaft darüberträufeln.

Dazu passt: geröstete Baguette.

Portion: 119 kcal, E 2 g, Kh 20 g, F 3 g

Sablés

Das herrlich mürbe Teegebäck ist hierzulande aus keiner Backstube wegzudenken. Aber längst nicht nur die süssen, sondern auch pikante Sablés erfreuen sich grosser Beliebtheit. Zudem sind sie schnell und einfach zubereitet. Die rassigen Käse-Sablés mit Cayennepfeffer passen gut zu einem Aperitif, sind aber auch eine originelle Beilage zu Salaten anstelle von Brot.

SOMMERSALAT MIT KÄSE-SABLÉS

Vor- und zubereiten: ca. 20 Min.
Kühl stellen: ca. 40 Min.
Backen: ca. 12 Min.

---

100 g Mehl
¼ TL Salz
1 Prise Cayennepfeffer
50 g Gruyère, fein gerieben
40 g Butter, in Stücken, kalt
60 g Ricotta

---

1 EL Pfefferkörner, zerdrückt

---

2 EL Himbeer- oder Apfelessig
4 EL Rapsöl
Salz, Pfeffer, nach Bedarf
150 g Jungspinat
2 Päckli Kresse
125 g Himbeeren

---

1. Mehl, Salz, Cayennepfeffer und Käse in einer Schüssel mischen. Butter beigeben, von Hand zu einer gleichmässig krümeligen Masse verreiben. Ricotta beigeben, rasch zu einem weichen Teig zusammenfügen, nicht kneten. Teig etwas flach drücken, zugedeckt ca. 20 Min. kühl stellen.
2. Eine Rolle von ca. 4 cm Ø formen, in Klarsichtfolie eingepackt ca. 20 Min. kühl stellen. Rolle mit einem scharfen Messer in ca. 5 mm dicke Scheiben schneiden. Sablés auf ein mit Backpapier belegtes Blech legen, Pfeffer darüberstreuen.
3. **Backen:** ca. 12 Min. in der Mitte des auf 200 Grad vorgeheizten Ofens. Herausnehmen, mit dem Backpapier auf ein Gitter ziehen, auskühlen.
4. **Sommersalat:** Essig und Öl gut verrühren, würzen. Spinat, Kresse und Himbeeren beigeben, mischen, Sablés dazu servieren.

Portion: 368 kcal, E 10 g, Kh 21 g, F 27 g

KÜRBISSALAT

Vor- und zubereiten: ca. 20 Min.

- **2 EL Olivenöl**
- **1 Zwiebel,** fein gehackt
- **600 g Kürbis** (z. B. Muscade), grob gerieben
- **3 EL Aceto balsamico bianco**
- **½ TL Salz, wenig Pfeffer**
- **1 EL Schnittlauch,** fein geschnitten

Öl in einer Pfanne warm werden lassen. Zwiebel andämpfen, Kürbis ca. 5 Min. mitdämpfen. Aceto beigeben, gut mischen, würzen, Schnittlauch darüberstreuen.

Dazu passen: Polenta-Chips.

Portion: 100 kcal, E 1 g, Kh 10 g, F 6 g

POLENTACHIPS

Vor- und zubereiten: ca. 20 Min.
Backen: ca. 20 Min.

- **2 dl Gemüsebouillon**
- **50 g feiner Maisgriess**

- **1 EL Tomatenpüree**
- **1 EL Leinsamen**

1. Bouillon aufkochen. Mais einrühren, Hitze reduzieren, unter häufigem Rühren bei kleinster Hitze ca. 2 Min. zu einem dicken Brei köcheln.
2. Tomatenpüree und Leinsamen daruntermischen, auf einem mit Backpapier belegten Blech hauchdünn ausstreichen.
3. **Backen:** ca. 10 Min. im auf 160 Grad vorgeheizten Ofen (Heissluft). Herausnehmen, wenden, nochmals ca. 10 Min. fertig backen. Chips herausnehmen, auf einem Gitter auskühlen, in Stücke brechen.

Passt zu: Kürbissalat, Frischkäse.

Portion: 62 kcal, E 2 g, Kh 11 g, F 1 g

Quinoa

Das zarte Getreide hat sich bei uns längst einen festen Platz in der Küche erobert. Neben dem feinen Geschmack punktet Quinoa mit hohem Eiweissgehalt, vielen Mineralien, Vitaminen und ungesättigten Fettsäuren. Im Handel erhältlich sind eine weisse und eine rote Sorte, selten auch eine schwarze. Quinoa eignet sich als Beilage, passt in Eintöpfe, Suppen und Salate.

QUINOA-SALAT

Vor- und zubereiten: ca. 25 Min.

2 dl Wasser
100 g Quinoa
2 Lorbeerblätter
¼ TL Salz

2 EL Kräuteressig
3½ EL Olivenöl
1 Bio-Orange
100 g Brunnenkresse oder Portulak, grobe Stiele entfernt
1 Bund Radiesli, in Scheibchen

1. Wasser mit Quinoa, Lorbeer und Salz aufkochen, Hitze reduzieren, ca. 15 Min. köcheln, abtropfen. Lorbeer entfernen.
2. Essig und Öl in einer Schüssel verrühren. Schale von der Orange abreiben, beigeben. Von der Orange Boden und Deckel, dann Schale ringsum bis auf das Fruchtfleisch wegschneiden. Fruchtfilets (Schnitze) mit einem scharfen Messer zwischen den weissen Häutchen herausschneiden. Orangenfilets, Kresse, Radiesli und Quinoa zur Sauce geben, mischen.

Portion: 207 kcal, E 5 g, Kh 19 g, F 12 g

KABISSALAT MIT RASSIGEN KNUSPERNÜSSEN

Vor- und zubereiten: ca. 20 Min.
Ziehen lassen: ca. 1 Std.

2 EL Kräuteressig

4 EL Baumnuss- oder Rapsöl

¼ TL Zucker

Salz, Pfeffer, nach Bedarf

600 g Rotkabis, geviertelt, Strunk entfernt

1 rote Zwiebel

3 EL Ahornsirup

2 EL helle (light) Sojasauce

1 EL Chiliflocken

100 g Baumnusskerne

1. Essig, Öl und Zucker in einer Schüssel verrühren, würzen. Kabis und Zwiebel fein dazuhobeln, mischen, zugedeckt ca. 1 Std. ziehen lassen.
2. Ahornsirup und Sojasauce mit den Chiliflocken in einer kleinen Pfanne aufkochen, Hitze reduzieren, ca. 5 Min. sirupartig einköcheln.
3. Nüsse beigeben, gut mischen, auf einem Backpapier verteilen, auskühlen, unter den Salat mischen.

Portion: 347 kcal, E 7 g, Kh 16 g, F 31 g

PAPAYASALAT MIT RAUCHMANDELN

Vor- und zubereiten: ca. 45 Min.
Für 6 Personen

60 g Rauchmandeln*, fein gehackt
2 rote Chilis, entkernt, fein gehackt
2 Knoblauchzehen, fein gehackt
2 EL Sojasauce
1½ EL Rohzucker
1 EL Limettensaft
100 g Kefen, in feinen Streifen
2 Tomaten, entkernt, in Würfeli

1 grüne Papaya** (ca. 600 g), geschält

1. Mandeln und alle Zutaten bis und mit Limettensaft in einer Schüssel mischen. Kefen und Tomaten beigeben.
2. Papaya in feine Scheiben hobeln, mehrere Scheiben aufeinanderlegen und schräg in feine Streifen schneiden. Portionenweise beigeben, mithilfe eines Löffels und einer Kelle mischen und stampfen, ca. 15 Min. ziehen lassen.

Portion: 106 kcal, E 4 g, Kh 9 g, F 6 g

* Rauchmandeln sind in grösseren Coop Supermärkten erhältlich. Ersatz: gesalzene Mandeln.

** Grüne Papaya, auch Gemüse-Papaya genannt, ist in asiatischen/indischen Spezialitätenläden erhältlich. Ersatz: Gurke, Kohlrabi.

BLUMENKOHL-ROMANESCO-SALAT

Vor- und zubereiten: ca. 40 Min.

½ EL Olivenöl
1 Schalotte, fein gehackt
1 Knoblauchzehe, gepresst
2 Nelken
1 Lorbeerblatt
½ TL schwarze Pfefferkörner, zerdrückt

2 dl Weisswein
1 dl Gemüsebouillon
300 g Blumenkohl, in Röschen
300 g Romanesco, in Röschen
150 g Broccoli, in Röschen
¼ TL Salz, wenig Pfeffer

5 EL Olivenöl
4 Eier, hart gekocht, grob gehackt
1 Zwiebel, fein gehackt
3 EL Schnittlauch, fein geschnitten
Salz, Pfeffer, nach Bedarf

1. Öl in einer weiten Pfanne warm werden lassen. Schalotte und Knoblauch andämpfen. Nelken, Lorbeer und Pfeffer beigeben, kurz mitdämpfen.
2. Wein und Bouillon dazugiessen, aufkochen, Hitze reduzieren. Gemüse beigeben, würzen, zugedeckt bei mittlerer Hitze ca. 10 Min. knapp weich kochen. Gemüse herausnehmen, auf einer Platte verteilen. Nelken und Lorbeer entfernen, Sud in eine Schüssel giessen.
3. Öl, Eier, Zwiebel und Schnittlauch beigeben, verrühren, würzen, auf dem Gemüse verteilen.

Portion: 278 kcal, E 10 g, Kh 6 g, F 22 g

Romanesco

Obwohl Romanesco eher dem Broccoli ähnlich sieht, ist er mit dem Blumenkohl verwandt. Das Gemüse wurde im 16. Jahrhundert in der Nähe von Rom gezüchtet, daher auch der Name. Die attraktiven grünen Köpfe mit den charakteristischen Spitzchen enthalten sehr viel Vitamin C.

KLARE TOMATENSUPPE MIT VERVEINE

Vor- und zubereiten: ca. 40 Min.
Ergibt ca. 8 dl

5 dl Wasser
1½ kg Tomaten (z. B. Ramato), in Stücken
1 TL Tomatenpüree
2 Knoblauchzehen, gepresst

ca. 8 Zweiglein Zitronenverveine oder Zitronenthymian

1. Wasser mit allen Zutaten bis und mit Knoblauch aufkochen, Hitze reduzieren, ca. 30 Min. köcheln. Suppe durch ein mit einem Tuch ausgelegtes Sieb in eine Schüssel giessen, abtropfen, nicht ausdrücken, sonst wird die Suppe trüb.
2. Verveine mit Küchenschnur zu 4 Sträusschen binden, in Suppentassen verteilen, Suppe darübergiessen.

Dazu passen: Bruschette.

Portion: 64 kcal, E 3 g, Kh 11 g, F 1 g

BRUSCHETTE

Vor- und zubereiten: ca. 20 Min.
Backen: ca. 3 Min.

1 Baguette (ca. 250 g)
2 EL Olivenöl
2 Knoblauchzehen, gepresst

3 Tomaten (z. B. Ramato), geschält, entkernt, in Würfeli
wenig Olivenöl
½ TL Salz, wenig Pfeffer

1. Baguette in ca. 1 cm dicke Scheiben schneiden, auf ein mit Backpapier belegtes Blech legen. Öl und Knoblauch verrühren, Brote damit beträufeln.
2. **Backen:** ca. 3 Min. in der Mitte des auf 250 Grad vorgeheizten Ofens. Brote herausnehmen.
3. Tomatenwürfeli und Öl mischen, würzen, auf den Broten verteilen.

Passt zu: klarer Tomatensuppe mit Verveine.

Portion: 235 kcal, E 6 g, Kh 35 g, F 8 g

RÜEBLISUPPE MIT KRÄUTERKLÖSSCHEN

Vor- und zubereiten: ca. 40 Min.
Ergibt ca. 8 dl

1 EL Butter
1 Schalotte, in Stücken
500 g Rüebli, in Stücken
100 g mehlig kochende Kartoffeln, in Stücken
8 dl Gemüsebouillon

1 dl UHT-Milch
Salz, Pfeffer, nach Bedarf

2 EL Petersilie, fein geschnitten
2 EL Schnittlauch, fein geschnitten
¼ TL Salz, wenig Pfeffer
100 g Magerquark

1. Butter in einer Pfanne warm werden lassen. Schalotte, Rüebli und Kartoffeln ca. 5 Min. andämpfen. Bouillon dazugiessen, aufkochen, Hitze reduzieren, zugedeckt ca. 20 Min. köcheln.
2. Milch dazugiessen, Suppe pürieren, würzen, zugedeckt beiseite stellen.
3. Petersilie, Schnittlauch, Salz und Pfeffer in einem flachen Teller mischen. Mit zwei Teelöffeln Quark abstechen, Klösschen formen (kleines Bild), mit der Suppe anrichten.

Portion: 121 kcal, E 6 g, Kh 13 g, F 5 g

Klösschen formen

Mit zwei Teelöffeln Quark abstechen, Klösschen formen, in den Kräutern wenden.

SOMMERSUPPE MIT PFEFFERMINZÖL

Vor- und zubereiten: ca. 25 Min.
Ergibt ca. 8 dl

1 EL Olivenöl
300 g Erbsli, ausgelöst (ergibt ca. 100 g)
150 g Bohnen, in Stücken
150 g Broccoli, in Röschen
1 Bundzwiebel mit dem Grün, in Ringen
6 dl Gemüsebouillon

3 EL Pfefferminze, fein geschnitten
3 EL Olivenöl

1. Öl in einer Pfanne warm werden lassen. Gemüse ca. 5 Min. andämpfen. Bouillon dazugiessen, aufkochen, bei mittlerer Hitze ca. 15 Min. kochen.
2. Pfefferminze und Öl mischen. Suppe anrichten, wenig Pfefferminzöl darüberträufeln, Rest dazu servieren.

Portion: 157 kcal, E 4 g, Kh 6 g, F 13 g

SELLERIE-ZITRONENGRAS-SUPPE

Vor- und zubereiten: ca. 30 Min.
Ergibt ca. 8 dl

1 EL Butter
500 g Sellerie, in Stücken
1 Schalotte, in Stücken
7 dl Gemüsebouillon
6 Stängel Zitronengras, gequetscht

Butter in einer Pfanne warm werden lassen. Sellerie und Schalotte ca. 5 Min. andämpfen. Bouillon dazugiessen, Zitronengras beigeben, aufkochen, zugedeckt bei kleiner Hitze ca. 20 Min. köcheln. Zitronengras entfernen, Suppe pürieren, durch ein Sieb giessen, nur noch heiss werden lassen.

Dazu passen: Gewürzzigarren.

Portion: 54 kcal, E 2 g, Kh 3 g, F 4 g

GEWÜRZZIGARREN

Vor- und zubereiten: ca. 15 Min.
Backen: ca. 10 Min.
Ergibt 18 Stück

1 Päckli Strudelteig (ca. 120 g)
50 g Butter, flüssig
1 Bio-Zitrone, nur abgeriebene Schale
1 TL Curry
1 TL Fleur de Sel
wenig Pfeffer

1. Teigblätter sorgfältig auseinanderfalten. Zwei Blätter mit wenig Butter bestreichen. Zitronenschale und alle Zutaten bis und mit Pfeffer darauf verteilen, mit je einem Teigblatt bedecken, mit wenig Butter bestreichen, Zigarren formen (kleines Bild). Zigarren auf ein mit Backpapier belegtes Blech legen, mit restlicher Butter bestreichen.
2. **Backen:** ca. 10 Min. in der Mitte des auf 200 Grad vorgeheizten Ofens. Gewürzzigarren herausnehmen, auf einem Gitter etwas abkühlen.

Passt zu: Suppe, Blattsalat.

Stück: 43 kcal, E 1 g, Kh 4 g, F 3 g

Gewürzzigarren formen

Teigblätter längs und quer dritteln. Einzelne Quadrate von einer Ecke her diagonal aufrollen.

GERSTENSUPPE MIT STEINPILZEN

Vor- und zubereiten: ca. 70 Min.
Ergibt ca. 8 dl

1 EL Butter
1 Zwiebel, fein gehackt
30 g getrocknete Steinpilze, eingeweicht, abgetropft
100 g Rollgerste
8 dl Gemüsebouillon

3 EL trockener Sherry
2 EL glattblättrige Petersilie, grob geschnitten

1. Butter in einer Pfanne warm werden lassen. Zwiebel und Pilze andämpfen. Rollgerste beigeben, unter Rühren dünsten, bis sie glasig ist. Bouillon dazugiessen, aufkochen, zugedeckt bei kleiner Hitze ca. 1 Std. köcheln.
2. Sherry beigeben, Petersilie darüberstreuen.

Portion: 141 kcal, E 5 g, Kh 18 g, F 4 g

RANDENSUPPE

Vor- und zubereiten: ca. 40 Min.
Ergibt ca. 8 dl

1 EL Butter
1 Zwiebel, in Stücken
1 Knoblauchzehe, in Scheibchen
1 TL Kümmel
350 g mehlig kochende Kartoffeln, in Stücken
5 dl Randensaft
2 dl Wasser
1 EL Gemüsebouillonpulver

Butter in einer Pfanne warm werden lassen. Zwiebel, Knoblauch und Kümmel andämpfen. Kartoffeln ca. 3 Min. mitdämpfen. Randensaft und Wasser dazugiessen, Bouillonpulver beigeben, aufkochen, bei mittlerer Hitze ca. 30 Min. kochen. Suppe pürieren.

Dazu passen: Gemüsechips, Rüeblichips (siehe S. 53).

Portion: 141 kcal, E 3 g, Kh 24 g, F 3 g

FEINES AUS DEM OFEN

DIESE GERICHTE LASSEN SICH GUT VORBEREITEN. NUR NOCH IN DEN OFEN SCHIEBEN UND SICH DARAUF FREUEN. EIN PAAR PERLEN FÜR BESONDERE MOMENTE BRAUCHEN ETWAS MEHR ZEIT, ABER DER AUFWAND WIRD MEHR ALS BELOHNT. VERBLÜFFENDE IDEEN FINDEN SICH ZUHAUF IN DIESEM FARBENFROHEN KAPITEL.

Rüeblichips selber machen

150 g Rüebli in ca. 1 mm dünne Scheiben hobeln, trocken tupfen. Ein Backblech mit Backpapier belegen, dieses mit wenig Öl bestreichen, Gemüsescheiben nebeneinander darauflegen. Backen: ca. 8 Min. in der Mitte des auf 220 Grad vorgeheizten Ofens. Chips herausnehmen, auf einem Gitter auskühlen.

APFEL-PETERSILIENWURZEL-WÄHE

Vor- und zubereiten: ca. 25 Min.
Kühl stellen: ca. 30 Min.
Backen: ca. 40 Min.
Für ein Backblech von ca. 30 cm Ø, mit Backpapier belegt

250 g Mehl
½ TL Salz
100 g Butter, in Stücken, kalt
1 dl Wasser

400 g Petersilienwurzeln, fein gehobelt
1 rote Zwiebel, in feinen Schnitzen
2 EL Petersilie, fein geschnitten
1 TL Salz, wenig Pfeffer

100 g Magerquark
1 TL Mehl
1 dl Milch
1 Ei
2 Prisen Salz, wenig Pfeffer
300 g rotschalige Äpfel, in Schnitzen

1. **Kuchenteig:** Mehl und Salz in einer Schüssel mischen. Butter beigeben, von Hand zu einer gleichmässig krümeligen Masse verreiben. Wasser dazugiessen, rasch zu einem weichen Teig zusammenfügen, nicht kneten. Teig etwas flach drücken, zugedeckt ca. 30 Min. kühl stellen.
2. Petersilienwurzeln, Zwiebel und Petersilie mischen, würzen.
3. Quark und alle Zutaten bis und mit Ei verrühren, würzen.
4. Teig auf wenig Mehl (ca. 32 cm Ø) auswallen, ins vorbereitete Blech legen. Teigboden mit einer Gabel dicht einstechen. Gemüse und Apfelschnitze darauf verteilen, Guss darübergiessen.
5. **Backen:** ca. 40 Min. auf der untersten Rille des auf 220 Grad vorgeheizten Ofens. Wähe herausnehmen, auf einem Gitter etwas abkühlen, aus dem Blech nehmen.

Schneller: Ausgewallten Kuchenteig (ca. 32 cm Ø) verwenden.

Portion: 528 kcal, E 16 g, Kh 62 g, F 24 g

KRÄUTER-KÄSEWÄHE

Vor- und zubereiten: ca. 25 Min.
Kühl stellen: ca. 30 Min.
Backen: ca. 40 Min.
Für ein Backblech von ca. 30 cm Ø, mit Backpapier belegt

150 g Vollkornmehl
100 g Mehl
½ TL Salz
¼ TL Muskat
100 g Butter, in Stücken, kalt
1 dl Wasser

2 dl Milch
1 dl Rahm
2 Eier
200 g Bergkäse (z. B. Gstaader), grob gerieben
100 g rezenter Gruyère, grob gerieben
3 EL Petersilie, fein geschnitten
3 EL Thymian, fein geschnitten
1 EL Mehl
wenig Muskat
¼ TL Salz, wenig Pfeffer

1. **Kuchenteig:** Mehl, Salz und Muskat in einer Schüssel mischen. Butter beigeben, von Hand zu einer gleichmässig krümeligen Masse verreiben. Wasser dazugiessen, rasch zu einem weichen Teig zusammenfügen, nicht kneten. Teig etwas flach drücken, zugedeckt ca. 30 Min. kühl stellen.
2. Milch, Rahm und Eier gut verrühren, restliche Zutaten daruntermischen.
3. Teig auf wenig Mehl (ca. 32 cm Ø) auswallen, ins vorbereitete Blech legen. Teigboden mit einer Gabel dicht einstechen, Käsemasse darauf verteilen.
4. **Backen:** ca. 40 Min. auf der untersten Rille des auf 200 Grad vorgeheizten Ofens. Wähe herausnehmen, auf einem Gitter etwas abkühlen, aus dem Blech nehmen.

Schneller: Ausgewallten Kuchenteig (ca. 32 cm Ø) verwenden.

Portion: 842 kcal, E 35 g, Kh 46 g, F 58 g

PEPERONIRÖSTI MIT SPIEGELEI

Vor- und zubereiten: ca. 20 Min.
Backen: ca. 45 Min.
Für ein Backblech von ca. 30 cm Ø, gefettet

---

800 g Gschwellti (fest kochende Sorte) vom Vortag, geschält, grob gerieben
1 EL Olivenöl
¾ TL Salz, wenig Pfeffer

---

3 rote Peperoni, in feinen Streifen
2 Knoblauchzehen, in Scheibchen
2 EL Salbei, fein geschnitten
1 EL Olivenöl
1 Prise Zucker
½ TL Salz, wenig Pfeffer

---

1 EL Butter
4 frische Eier
Salz, nach Bedarf

---

1. Kartoffeln, Öl, Salz und Pfeffer mischen, im vorbereiteten Blech verteilen.
2. **Backen:** ca. 30 Min. in der oberen Hälfte des auf 220 Grad vorgeheizten Ofens. Rösti herausnehmen.
3. Peperoni und alle Zutaten bis und mit Pfeffer mischen, auf der Rösti verteilen, ca. 15 Min. fertig backen.
4. Butter in einer beschichteten Bratpfanne warm werden lassen. Eier nacheinander aufschlagen, hineingleiten lassen, bei kleiner Hitze ca. 2 Min. braten, salzen. Rösti auf Teller verteilen, Spiegeleier darauf anrichten.

Portion: 310 kcal, E 10 g, Kh 32 g, F 14 g

Peperoni

Bei unseren nördlichen Nachbarn heissen die Schoten dieses Nachtschattengewächses Paprika, und mit Peperoni werden die scharfen Peperoncini bezeichnet. Dies führt immer wieder zu Missverständnissen. Die reifen Peperoni können die Farbtöne Rot, Orange, Gelb oder auch Weiss haben. Grüne, violette oder schwarze Schoten sind immer unreif und daher herber im Aroma.

BLUMENKOHLWÄHE MIT ERBSLI

Vor- und zubereiten: ca. 30 Min.
Backen: ca. 30 Min.
Für ein Backblech von ca. 30 cm Ø

1 ausgewallter Kuchenteig (ca. 32 cm Ø)
4 EL Paniermehl

1 EL Rapsöl
300 g Blumenkohl, in kleinen Röschen
200 g tiefgekühlte Erbsli
1 roter Peperoncino, entkernt, fein gehackt
2 EL Zitronenthymian, fein geschnitten
½ TL Salz

2½ dl Halbrahm
2 Eier
120 g geriebener Gruyère
¼ TL Cayennepfeffer
¼ TL Salz

1. Teig mit dem Backpapier ins Blech legen. Teigboden mit einer Gabel dicht einstechen, Paniermehl darauf verteilen, kühl stellen.
2. Öl in einer Pfanne warm werden lassen. Blumenkohl ca. 5 Min. andämpfen. Erbsli, Peperoncino und Thymian kurz mitdämpfen, salzen, auskühlen. Gemüse auf dem Teigboden verteilen.
3. Rahm und alle restlichen Zutaten verrühren, über das Gemüse giessen.
4. **Backen:** ca. 30 Min. auf der untersten Rille des auf 220 Grad vorgeheizten Ofens. Wähe herausnehmen, auf einem Gitter etwas abkühlen, aus dem Blech nehmen.

Portion: 694 kcal, E 22 g, Kh 45 g, F 47 g

RANDENWÄHE LINZER ART

Vor- und zubereiten: ca. 50 Min.
Kühl stellen: ca. 30 Min.
Backen: ca. 40 Min.
Für eine Springform von ca. 26 cm Ø, Boden mit Backpapier belegt, Rand gefettet

---

100 g Dinkelmehl
75 g Mehl
100 g Baumnusskerne, fein gehackt, 50 g beiseite gestellt
½ TL Salz
150 g Butter, in Stücken, kalt
180 g Magerquark

---

2 rohe Randen (ca. 400 g), grob gerieben
100 g Silberzwiebeln, abgetropft, halbiert
3 EL Estragon, fein geschnitten
1 EL Olivenöl
½ TL Salz, wenig Pfeffer
1 Ei, verklopft

---

1. **Geriebener Teig:** Mehl und alle Zutaten bis und mit Salz in einer Schüssel mischen. Butter beigeben, von Hand zu einer gleichmässig krümeligen Masse verreiben. Quark beigeben, rasch zu einem weichen Teig zusammenfügen, nicht kneten. Teig etwas flach drücken, zugedeckt ca. 30 Min. kühl stellen.
2. Randen und alle Zutaten bis und mit Öl mischen, würzen.
3. Teig dritteln, ⅓ des Teigs auf dem vorbereiteten Formenboden auswallen, Springformrand schliessen. Beiseite gestellte Baumnüsse auf dem Teigboden verteilen. ⅓ des Teigs zu einer ca. 60 cm langen Rolle formen, als Rand auf den Formenboden legen, leicht andrücken, dabei den Rand etwas hochziehen. Randenmasse auf dem Teigboden verteilen. Restlichen Teig zwischen einem aufgeschnittenen Plastikbeutel ca. 4 mm dick auswallen. Mit einem Teigrädchen in ca. 1 cm breite Streifen schneiden, gitterartig auf die Randen legen, Teigstreifen mit Ei bestreichen.
4. **Backen:** ca. 40 Min. in der unteren Hälfte des auf 180 Grad vorgeheizten Ofens. Wähe herausnehmen, etwas abkühlen, Formenrand entfernen, auf einem Gitter etwas abkühlen.

Portion: 731 kcal, E 17 g, Kh 45 g, F 54 g

Aromatisch gedämpft unter knusprigem Teig

Bereits Ägypter, Griechen und Römer servierten Geschmortes in einer Tonform, die mit Teig zugedeckt wurde. Die Engländer schliesslich machten daraus ihre wundervollen Pies, die mit Fleisch, Fisch, Gemüse, ja sogar süss gefüllt werden. Die Füllung wird unter dem Teig schonend gedämpft und bleibt saftig, während gleichzeitig der Teig herrlich knusprig gebacken wird.

KRAUTSTIEL-PIE

Vor- und zubereiten: ca. 30 Min.
Kühl stellen: ca. 30 Min.
Backen: ca. 20 Min.
Für eine weite ofenfeste Form von ca. 3 Litern

250 g Dinkelmehl
½ TL Salz
100 g Butter, in Stücken, kalt
1 dl Wasser

1 EL Butter
1 Zwiebel, in feinen Streifen
1 kg Krautstiel, in feinen Streifen
60 g Pinienkerne
60 g dunkle Sultaninen
¾ TL Salz, wenig Pfeffer
1 Ei, verklopft

1. **Kuchenteig:** Mehl und Salz in einer Schüssel mischen. Butter beigeben, von Hand zu einer gleichmässig krümeligen Masse verreiben. Wasser dazugiessen, rasch zu einem weichen Teig zusammenfügen, nicht kneten. Teig etwas flach drücken, zugedeckt ca. 30 Min. kühl stellen.
2. Butter in einer Pfanne warm werden lassen. Zwiebel andämpfen, Krautstiel, Pinienkerne und Sultaninen ca. 5 Min. mitdämpfen, würzen, in der Form verteilen, etwas abkühlen.
3. Teig auf wenig Mehl ca. 4 mm dick und in der Grösse der Form auswallen, mit einer Gabel dicht einstechen. Formenrand mit Ei bestreichen. Teig locker darauflegen, Rand gut andrücken, Teig mit Ei bestreichen.
4. **Backen:** ca. 20 Min. in der Mitte des auf 200 Grad vorgeheizten Ofens.

Portion: 733 kcal, E 17 g, Kh 88 g, F 33 g

PILZ-JALOUSIE

Vor- und zubereiten: ca. 30 Min.
Backen: ca. 25 Min.

Bratbutter zum Rührbraten

250 g Champignons, in Vierteln
150 g Eierschwämme, zerzupft
100 g Steinpilze, in Würfeln
¾ TL Salz, wenig Pfeffer

2 Schalotten, fein gehackt
2 EL Gin
2 EL Schnittlauch, fein geschnitten

1 ausgewallter Blätterteig (ca. 25×42 cm)
2 EL gemahlene Haselnüsse
1 Ei, verklopft

1. Wenig Bratbutter in einer Bratpfanne heiss werden lassen. Pilze ca. 5 Min. rührbraten, würzen. Pilze herausnehmen, Hitze reduzieren, wenig Bratbutter beigeben.
2. Schalotten andämpfen, Gin, Schnittlauch und Pilze beigeben, auskühlen.
3. Teig längs halbieren, eine Teighälfte auf ein mit Backpapier belegtes Blech legen, mit einer Gabel dicht einstechen. Nüsse und Pilze darauf verteilen, dabei ringsum einen Rand von ca. 2 cm frei lassen. Rand mit wenig Ei bestreichen. Die andere Teighälfte mit einem Teigrädchen quer im Abstand von ca. 2 cm einschneiden, sodass der Teig ringsum noch zusammenhält. Teig über die Füllung legen, Ränder mit einer Gabel gut andrücken, mit Ei bestreichen.
4. **Backen:** ca. 25 Min. in der Mitte des auf 200 Grad vorgeheizten Ofens. Jalousie herausnehmen, auf einem Gitter etwas abkühlen.

   Lässt sich vorbereiten: Jalousie ca. 1 Std. im Voraus vorbereiten, zugedeckt im Kühlschrank aufbewahren. Mit Ei bestreichen, backen wie oben.

Portion: 437 kcal, E 9 g, Kh 34 g, F 27 g

SPARGEL-BASTILLA

Vor- und zubereiten: ca. 25 Min.
Backen: ca. 20 Min.
Für ein beschichtetes Backblech von ca. 30 cm Ø

1 kg grüne Spargeln, unteres Drittel geschält, schräg in ca. 5 mm dicken Scheibchen

1 Schalotte, fein gehackt

50 g Pinienkerne, geröstet

2 Eier

2 EL Kerbel, fein geschnitten

1½ TL Salz, wenig Pfeffer

1 Päckli Strudelteig (ca. 120 g)

50 g Butter, flüssig, etwas abgekühlt

1. Spargeln und alle Zutaten bis und mit Pfeffer mischen.
2. Teigblätter auseinanderfalten, ein Teigblatt ins Blech legen, mit wenig Butter bestreichen. Zwei Teigblätter sich leicht überlappend nebeneinander darauflegen, sodass sie über das Blech hinausreichen, mit wenig Butter bestreichen. Spargeln auf dem Teigboden verteilen, vorstehende Teigränder locker über die Füllung legen (kleines Bild). Mit dem letzten Teigblatt bedecken, überstehende Teigränder nach innen legen, mit der restlichen Butter bestreichen.
3. **Backen:** ca. 20 Min. in der unteren Hälfte des auf 200 Grad vorgeheizten Ofens.

Tipp: Wird ein unbeschichtetes Backblech verwendet, Boden mit Backpapier belegen.

Portion: 366 kcal, E 14 g, Kh 27 g, F 21 g

Bastilla formen

Füllung auf dem Teigboden verteilen, vorstehende Teigränder locker über die Füllung legen.

Fochizza

Der luftige Hefeteig ist typisch für eine Focaccia, das beliebte italienische Fladenbrot. In diesem Rezept wird der Teig – wie bei einer Pizza – vor dem Backen belegt, et voilà, fertig ist die Fochizza. Ein mediterraner Hochgenuss, würzig und aromatisch.

FOCHIZZA

Vor- und zubereiten: ca. 40 Min.
Aufgehen lassen: ca. 1 Std.
Backen: ca. 25 Min.

350 g Mehl
1 TL Salz
¼ Würfel Hefe (ca. 10 g), zerbröckelt
2 dl lauwarmes Wasser
2 EL Olivenöl

1 EL Olivenöl
1 Aubergine, in Würfeli
2 Zucchini, in Würfeli
2 Knoblauchzehen, in Scheibchen
2 EL Rosmarin, fein geschnitten
12 Kapernäpfel, abgespült, abgetropft
12 entsteinte schwarze Oliven
¾ TL Salz, wenig Pfeffer

wenig Olivenöl

1. **Hefeteig:** Mehl, Salz und Hefe in einer Schüssel mischen. Wasser und Öl dazugiessen, zu einem weichen, glatten Teig kneten. Zugedeckt bei Raumtemperatur ca. 1 Std. aufs Doppelte aufgehen lassen.
2. Öl in einer Pfanne warm werden lassen. Auberginenwürfel und alle Zutaten bis und mit Rosmarin ca. 4 Min. andämpfen. Kapernäpfel und Oliven daruntermischen, würzen.
3. Teig auf ein mit Backpapier belegtes Blech geben, ca. 1 cm dick flach drücken, mit einer Gabel dicht einstechen. Gemüse darauf verteilen.
4. **Backen:** ca. 25 Min. in der unteren Hälfte des auf 220 Grad vorgeheizten Ofens. Fochizza herausnehmen, mit wenig Öl beträufeln.

Portion: 463 kcal, E 13 g, Kh 67 g, F 15 g

FLAMMKUCHEN MIT CICORINO

Vor- und zubereiten: ca. 25 Min.
Aufgehen lassen: ca. 1 Std.
Backen: ca. 15 Min. pro Blech
Ergibt 2 Stück

300 g Mehl
½ TL Salz
½ Würfel Hefe (ca. 20 g), zerbröckelt
2 dl lauwarmes Wasser

300 g Frischkäse (z. B. Boursin mit Pfeffer)
4 EL Honigsenf
1 Glas eingelegte grüne Peperoncini (ca. 300 g), abgetropft
2 EL Olivenöl

200 g Cicorino rosso, in feinen Streifen

1. **Hefeteig:** Mehl, Salz und Hefe in einer Schüssel mischen. Wasser dazugiessen, zu einem weichen, glatten Teig kneten. Zugedeckt bei Raumtemperatur ca. 1 Std. aufs Doppelte aufgehen lassen.
2. Teig halbieren, auf wenig Mehl oval ca. 2 mm dick auswallen, auf je ein mit Backpapier belegtes Blech legen. Frischkäse und Senf mischen, Teige damit bestreichen, Peperoncini darauf verteilen, Öl darüberträufeln.
3. **Backen:** ca. 15 Min. auf der untersten Rille des auf 220 Grad vorgeheizten Ofens. Flammkuchen herausnehmen, die Hälfte des Cicorinos darauf verteilen. Zweiten Flammkuchen gleich backen.

Portion: 665 kcal, E 18 g, Kh 60 g, F 38 g

Flammkuchen

Kaum zu glauben, dass die Elsässer ihren berühmten Flammkuchen eigentlich als Nebenprodukt der Brotbäckerei erfunden hatten: Die flachen Brotteigfladen wurden in den Holzbackofen geschoben, um die Temperatur zu testen: Je nachdem, wie lange der Flammkuchen brauchte, um knusprig zu werden, wurde weiter eingeheizt oder wieder abgekühlt, bis man die perfekte Temperatur für das Brot erreicht hatte.

KOHLRABISTRUDEL

Vor- und zubereiten: ca. 35 Min.
Ruhen lassen: ca. 30 Min.
Backen: ca. 20 Min.

150 g Mehl
½ TL Salz
1 TL Curry
1 frisches Ei
3 EL lauwarmes Wasser
2 EL Olivenöl

1 EL Olivenöl
900 g Kohlrabi, in Würfeli
1 Bundzwiebel mit dem Grün, in Ringen
3 EL Wasser
50 g Tilsiter, grob gerieben
½ TL Salz, wenig Pfeffer

50 g Butter, flüssig, etwas abgekühlt

1. **Strudelteig:** Mehl, Salz und Curry in einer Schüssel mischen. Ei, Wasser und Öl gut verrühren, beigeben, mit einer Kelle zusammenfügen, auf wenig Mehl zu einem glatten, geschmeidigen Teig kneten, zu einer Kugel formen. Teig unter einer heiss ausgespülten Schüssel bei Raumtemperatur ca. 30 Min. ruhen lassen.
2. Öl in einer Pfanne warm werden lassen. Kohlrabi und Bundzwiebel ca. 2 Min. andämpfen. Wasser beigeben, aufkochen. Hitze reduzieren, offen ca. 4 Min. kochen, bis alle Flüssigkeit eingekocht ist, auskühlen. Käse daruntermischen, würzen.
3. Teig auf wenig Mehl rechteckig möglichst dünn auswallen, auf ein Tuch legen, sehr dünn ausziehen (kleines Bild oben). Teig mit Butter bestreichen, Füllung auf dem unteren Drittel des Teigs verteilen, dabei seitlich einen Rand von ca. 3 cm frei lassen. Teig aufrollen (kleines Bild unten), mit dem Verschluss nach unten auf ein mit Backpapier belegtes Blech legen, mit restlicher Butter bestreichen.
4. **Backen:** ca. 20 Min. in der Mitte des auf 200 Grad vorgeheizten Ofens.

Portion: 413 kcal, E 13 g, Kh 34 g, F 25 g

Teig ausziehen

Teig auf ein Tuch legen. Mit bemehlten Händen von der Mitte her sorgfältig sehr dünn ausziehen, bis der Teig überall durchscheinend ist.

Teig aufrollen

Seitliche Ränder einschlagen, Tuch leicht anheben, Strudel locker aufrollen.

ZWIEBELSTRUDEL

Vor- und zubereiten: ca. 35 Min.
Ruhen lassen: ca. 30 Min.
Backen: ca. 20 Min.

---

150 g Ruchmehl
½ TL Salz
1 frisches Ei
3 EL lauwarmes Wasser
2 EL Olivenöl

---

1 EL Olivenöl
750 g rote Zwiebeln, in feinen Schnitzen
1 EL Thymianblättchen
1 dl Aceto balsamico
1 Prise Zucker
½ TL Salz, wenig Pfeffer

---

50 g Butter, flüssig, etwas abgekühlt

---

1. **Strudelteig:** Mehl und Salz in einer Schüssel mischen. Ei, Wasser und Öl gut verrühren, beigeben, mit einer Kelle zusammenfügen, auf wenig Mehl zu einem glatten, geschmeidigen Teig kneten, zu einer Kugel formen. Teig unter einer heiss ausgespülten Schüssel bei Raumtemperatur ca. 30 Min. ruhen lassen.
2. Öl in einer Pfanne warm werden lassen. Zwiebeln und Thymian ca. 4 Min. andämpfen. Aceto und Zucker beigeben, würzen, ca. 2 Min. weiterdämpfen, auskühlen.
3. Teig auf wenig Mehl rechteckig möglichst dünn auswallen, auf ein Tuch legen. Mit bemehlten Händen von der Mitte her sorgfältig sehr dünn ausziehen, bis der Teig überall durchscheinend ist. Teig mit Butter bestreichen, Zwiebeln auf dem unteren Drittel des Teigs verteilen, dabei seitlich einen Rand von ca. 3 cm frei lassen. Seitliche Ränder einschlagen, Tuch leicht anheben, Strudel locker aufrollen. Mit dem Verschluss nach unten auf ein mit Backpapier belegtes Blech legen. Strudel mit restlicher Butter bestreichen.
4. **Backen:** ca. 20 Min. in der Mitte des auf 200 Grad vorgeheizten Ofens.

Portion: 408 kcal, E 9 g, Kh 44 g, F 21 g

TOMATEN-TARTE-TATIN

Vor- und zubereiten: ca. 25 Min.
Backen: ca. 20 Min.
Für ein Backblech von ca. 30 cm Ø, Boden exakt mit Backpapier belegt

2 EL Zucker

40 g Butter, in Stücken
½ TL Fleur de Sel
600 g Tomaten (z. B. Ochsenherz), in ca. 1 cm dicken Scheiben
1 ausgewallter Blätterteig (ca. 32 cm Ø)

1 dl Olivenöl
3 EL Basilikum, fein geschnitten
1 Knoblauchzehe, gepresst
½ TL Fleur de Sel

1. Zucker auf dem vorbereiteten Blech verteilen.
2. **Caramelisieren:** ca. 4 Min. in der Mitte des auf 220 Grad vorgeheizten Ofens, bis der Zucker hellbraun ist, herausnehmen.
3. Butter und Fleur de Sel auf dem Caramel verteilen, Tomaten darauflegen. Teig mit einer Gabel dicht einstechen, locker auf die Tomaten legen. Teigrand zwischen Tomaten und Blechrand schieben.
4. **Backen:** ca. 20 Min. in der Mitte des auf 220 Grad vorgeheizten Ofens. Tarte herausnehmen, ca. 2 Min. ruhen lassen, auf eine Platte stürzen.
5. **Basilikumöl:** Öl und alle restlichen Zutaten verrühren, wenig über die Tarte träufeln, Rest dazu servieren.

Portion: 606 kcal, E 5 g, Kh 38 g, F 48 g

SPARGEL-TARTE-TATIN

Vor- und zubereiten: ca. 25 Min.
Backen: ca. 20 Min.
Für ein Backblech von ca. 30 cm Ø, Boden exakt mit Backpapier belegt

2 EL Zucker

40 g gesalzene Butter, in Stücken

500 g weisse Spargeln, geschält, schräg in ca. 5 mm dicken Scheiben

1 ausgewallter Blätterteig (ca. 32 cm Ø)

1. Zucker auf dem vorbereiteten Blech verteilen.
2. **Caramelisieren:** ca. 4 Min. in der Mitte des auf 220 Grad vorgeheizten Ofens, bis der Zucker hellbraun ist, herausnehmen.
3. Butter auf dem Caramel verteilen, Spargeln darauf verteilen. Teig mit einer Gabel dicht einstechen, locker auf die Spargeln legen. Teigrand zwischen Spargeln und Blechrand schieben.
4. **Backen:** ca. 20 Min. in der Mitte des auf 220 Grad vorgeheizten Ofens. Tarte herausnehmen, ca. 2 Min. ruhen lassen, auf eine Platte stürzen.

Portion: 372 kcal, E 6 g, Kh 36 g, F 23 g

ARTISCHOCKENPIZZA MIT LÖWENZAHN

Vor- und zubereiten: ca. 25 Min.
Aufgehen lassen: ca. 2 Std.
Backen: ca. 20 Min. pro Blech
Ergibt 4 Pizzas

500 g Mehl
1½ TL Salz
¼ Würfel Hefe (ca. 10 g), zerbröckelt
3¼ dl lauwarmes Wasser
2 EL Olivenöl

250 g ¾-fett-Quark
1 EL Sambal Oelek

1 Glas Artischockenherzen in Öl (ca. 280 g), abgetropft, in Vierteln
1 Glas getrocknete Tomaten in Öl (ca. 280 g), abgetropft, halbiert
50 g gebleichte Löwenzahnblätter, grob geschnitten
einige essbare Blüten (z. B Veilchen)

1. **Hefeteig:** Mehl, Salz und Hefe in einer Schüssel mischen. Wasser und Öl dazugiessen, zu einem weichen, glatten Teig kneten. Zugedeckt bei Raumtemperatur ca. 1 Std. aufgehen lassen.
2. Teig vierteln, auf wenig Mehl zu Kugeln formen, auf einen Teller legen. Mit Folie zugedeckt bei Raumtemperatur nochmals ca. 1 Std. aufgehen lassen. Eine Teigkugel auf wenig Mehl auswallen oder flach drücken (ca. 5 mm dick), auf ein mit Backpapier belegtes Blech legen.
3. Quark und Sambal Oelek mischen, ¼ auf dem Teig verteilen, dabei ringsum einen Rand von ca. 2 cm frei lassen. ¼ Artischocken und Tomaten auf dem Quark verteilen.
4. **Backen:** ca. 20 Min. in der unteren Hälfte des auf 220 Grad vorgeheizten Ofens. Pizza herausnehmen, wenig Löwenzahn und Blüten darüberstreuen. Restliche Pizzas gleich zubereiten.

Tipp: Statt Löwenzahn Rucola verwenden.

Portion: 664 kcal, E 25 g, Kh 98 g, F 18 g

Richtig kombiniert

Das Sandwich ist die perfekte Mahlzeit für unterwegs, und mit selbst gemachtem Brot schmeckt ein Sandwich einfach königlich. Da man aber für eine ausgewogene Ernährung kaum ausreichend Gemüse zwischen zwei Brotscheiben klemmen kann, sind ein Salat oder frische Früchte eine gute Ergänzung.

ZWIRBELBROT MIT SPINAT

Vor- und zubereiten: ca. 20 Min.
Aufgehen lassen: ca. 2 Std.
Backen: ca. 30 Min.

500 g Ruchmehl
1½ TL Salz
½ TL Zucker
⅓ Würfel Hefe (ca. 15 g), zerbröckelt
3½ dl Wasser

150 g Mascarpone
3 EL grobkörniger Senf
50 g Jungspinat, fein geschnitten
¼ TL Salz, wenig Pfeffer
50 g Jungspinat

1. **Hefeteig:** Mehl, Salz, Zucker und Hefe in einer Schüssel mischen. Wasser dazugiessen, mit den Knethaken des Handrührgeräts zu einem weichen, glatten Teig kneten. Zugedeckt bei Raumtemperatur ca. 1½ Std. aufs Doppelte aufgehen lassen.
2. Teig halbieren, je eine ca. 50 cm lange Rolle formen, Rollen nebeneinander auf ein mit Backpapier belegtes Blech legen. Je zwei Enden zusammendrücken, Teigrollen miteinander verdrehen, mit Wasser bestreichen. Nochmals ca. 30 Min. aufgehen lassen, mit wenig Mehl bestäuben. Ein ofenfestes Schälchen mit Wasser auf das Blech stellen.
3. **Backen:** ca. 10 Min. in der unteren Hälfte des auf 240 Grad vorgeheizten Ofens. Hitze auf 200 Grad reduzieren, dabei die Ofentür geschlossen halten und das Brot ca. 20 Min. fertig backen. Backprobe: Klopft man auf die Unterseite des Brotes und tönt es hohl, ist das Brot genügend gebacken. Brot herausnehmen, auf einem Gitter auskühlen. Brot längs halbieren.
4. Mascarpone, Senf und Spinat mischen, würzen. Beide Brothälften damit bestreichen, Spinat auf den Brotböden verteilen, Deckel darauflegen.

Portion: 625 kcal, E 23 g, Kh 88 g, F 19 g

Bunte Rüebli-Welt

Die Farbpalette reicht von Weiss über Gelb und Orange bis zu Violett. Die weissen und gelben Sorten wurden bereits im Mittelalter aus den Wildrüebli gezüchtet. Die jüngste Züchtung ist, etwas überraschend, das populäre orange Rüebli. Dafür wurde eine violette Sorte aus dem Mittleren Osten mit den hellen Sorten gekreuzt.

RÜEBLI-PIZZA

Vor- und zubereiten: ca. 30 Min.
Aufgehen lassen: ca. 2 Std.
Backen: ca. 20 Min. pro Blech
Ergibt 4 Pizzas

500 g Mehl
1½ TL Salz
¼ Würfel Hefe (ca. 10 g), zerbröckelt
3¼ dl lauwarmes Wasser
2 EL Olivenöl

300 g griechisches Joghurt nature
1 EL Ingwer, fein gerieben
750 g verschiedenfarbige Rüebli, fein gerieben
½ TL Salz, wenig Pfeffer

3 EL Bärlauch oder Petersilie, fein geschnitten
wenig Fleur de Sel
wenig Olivenöl

1. **Hefeteig:** Mehl, Salz und Hefe in einer Schüssel mischen. Wasser und Öl dazugiessen, zu einem weichen, glatten Teig kneten. Zugedeckt bei Raumtemperatur ca. 1 Std. aufgehen lassen.
2. Teig vierteln, auf wenig Mehl zu Kugeln formen, auf einen Teller legen. Mit Folie zugedeckt bei Raumtemperatur nochmals ca. 1 Std. aufgehen lassen. Eine Teigkugel auf wenig Mehl auswallen oder flach drücken (ca. 25 cm Ø), auf ein mit Backpapier belegtes Blech legen.
3. Joghurt und Ingwer mischen, ¼ auf dem Teig verteilen, dabei ringsum einen Rand von ca. 2 cm frei lassen. Rüebli würzen, ¼ auf dem Joghurt verteilen.
4. **Backen:** ca. 20 Min. in der unteren Hälfte des auf 220 Grad vorgeheizten Ofens. Pizza herausnehmen, ¼ des Bärlauchs und wenig Fleur de Sel darüberstreuen, wenig Öl darüberträufeln. Restliche Pizzas gleich zubereiten.

Portion: 646 kcal, E 19 g, Kh 103 g, F 17 g

TOMATEN-GNOCCHI-GRATIN

Vor- und zubereiten: ca. 40 Min.
Gratinieren: ca. 30 Min.
Für eine ofenfeste Form von ca. 2 Litern, gefettet

4	**Tomaten,** in Scheiben
2	**Knoblauchzehen,** in Scheibchen
2 EL	**Olivenöl**
1½ dl	**Milch**
1½ dl	**Wasser**
75 g	**Butter**
½ TL	**Salz**
wenig	**Muskat**
180 g	**Mehl**
4–5	**Eier,** verklopft
	Salzwasser, siedend
50 g	**geriebener Sbrinz**

1. Tomaten, Knoblauch und Öl in der vorbereiteten Form mischen.
2. **Gratinieren:** ca. 15 Min. in der oberen Hälfte des auf 220 Grad vorgeheizten Ofens. Herausnehmen.
3. **Brühteig:** Milch mit allen Zutaten bis und mit Muskat in einer weiten Pfanne aufkochen, Hitze reduzieren. Mehl auf einmal beigeben, rühren, bis sich ein geschmeidiger Teigkloss bildet (kleines Bild oben).
4. Pfanne von der Platte nehmen, Eier portionenweise darunterrühren (kleines Bild unten).
5. Teig portionenweise in einen Spritzsack mit glatter Tülle (ca. 12 mm Ø) füllen. Ca. 1½ cm lange Teigstücke herausdrücken, diese mit einem Messer direkt ins leicht siedende Salzwasser schneiden. Ziehen lassen, bis die Gnocchi an die Oberfläche steigen, herausnehmen, abtropfen, auf den Tomaten verteilen. Käse darüberstreuen.
6. **Gratinieren:** ca. 15 Min. in der oberen Hälfte des auf 220 Grad vorgeheizten Ofens.

Portion: 519 kcal, E 17 g, Kh 38 g, F 33 g

Brühteig zubereiten

Mehl auf einmal in die heisse Flüssigkeit geben, mit einer Kelle ca. 2 Min. rühren, bis sich ein geschmeidiger Teigkloss bildet, der sich vom Pfannenboden löst.

Der Brühteig soll weich von der Kelle fallen, aber nicht zerfliessen, er wird glatt und glänzend.

WIRZPÄCKLI MIT COUSCOUS

Vor- und zubereiten: ca. 30 Min.
Backen: ca. 20 Min.
Für eine ofenfeste Form von ca. 2 Litern, gefettet

1	**Wirz** (ca. 800 g), Blätter abgelöst
	Salzwasser, siedend
250 g	**Couscous**
1 EL	**Sambal Oelek**
2 dl	**Gemüsebouillon,** siedend
2 dl	**Saucen-Halbrahm**
50 g	**geriebener Gruyère**
1	**Bio-Orange,** nur abgeriebene Schale
2 dl	**Gemüsebouillon**
70 g	**geriebener Gruyère**

1. Die Wirzblätter portionenweise im siedenden Salzwasser ca. 3 Min. blanchieren, herausnehmen, kurz in kaltes Wasser legen, abtropfen, Blattrippen flach schneiden. 8 grosse Wirzblätter auf einem Tuch auslegen, Rest grob hacken, in der vorbereiteten Form verteilen.
2. Couscous und Sambal Oelek in eine Schüssel geben, Bouillon darübergiessen, mischen, zugedeckt ca. 5 Min. quellen lassen. Mit einer Gabel lockern. Rahm, Käse und Orangenschale daruntermischen.
3. Wirzblätter mit dem Couscous füllen und Päckli formen (kleines Bild).
4. Bouillon darübergiessen, Käse darüberstreuen.
5. **Backen:** ca. 20 Min. in der Mitte des auf 220 Grad vorgeheizten Ofens.

Portion: 509 kcal, E 22 g, Kh 53 g, F 23 g

Wirzpäckli formen

1 Wirzblatt in eine grosse Tasse legen, ⅛ des Couscous in das Blatt geben, leicht andrücken. Blattränder darüberlegen, Päckli mit dem Verschluss nach unten auf den Wirz in die Form legen. Restliche Päckli gleich formen.

PILZLASAGNE

Vor- und zubereiten: ca. 50 Min.
Backen: ca. 30 Min.
Für eine weite ofenfeste Form von ca. 2½ Litern, gefettet

1 EL Olivenöl
250 g Champignons, in Scheiben
250 g Shiitake, in Scheiben
2 Rüebli, in Würfeli
1 Zwiebel, fein gehackt
2 Knoblauchzehen, gepresst
¾ TL Salz, wenig Pfeffer

---

5 dl Milch
2 EL Mehl
¼ TL Muskat
1 TL Salz, wenig Pfeffer
3 EL Petersilie, fein geschnitten
40 g geriebener Parmesan

---

9 weisse Lasagneblätter
1 Lattich (ca. 500 g), fein geschnitten
80 g geriebener Parmesan

1. Öl in einer Bratpfanne heiss werden lassen. Pilze und alle Zutaten bis und mit Knoblauch ca. 5 Min. rührbraten, in eine Schüssel geben, würzen.
2. Milch mit allen Zutaten bis und mit Pfeffer unter Rühren aufkochen. Bei kleiner Hitze ca. 5 Min. köcheln, bis die Sauce sämig ist. Petersilie und Parmesan daruntermischen.
3. 4 Esslöffel Sauce in der Form verteilen. Dann 3 Lasagneblätter darauflegen, ⅓ Lattich, ⅓ Pilze und ⅓ Sauce darauf verteilen. Vorgang 2-mal wiederholen. Parmesan darüberstreuen.
4. **Backen:** ca. 30 Min. in der Mitte des auf 200 Grad vorgeheizten Ofens. Lasagne herausnehmen, ca. 5 Min. ruhen lassen.

Portion: 443 kcal, E 24 g, Kh 50 g, F 17 g

TEIGWARENGRATIN MIT BOHNEN

Vor- und zubereiten: ca. 20 Min.
Gratinieren: ca. 15 Min.
Für eine ofenfeste Form von ca. 2 Litern, gefettet

300 g Teigwaren (z. B. Orecchiette)
Salzwasser, siedend
500 g Bohnen, halbiert

2 dl Rahm
2 rote Peperoncini, entkernt, fein gehackt
2 EL Bohnenkraut, fein geschnitten
¼ TL Salz, wenig Pfeffer
125 g Blauschimmelkäse (z. B. Saint Agur), in Stücken

1. Teigwaren im Salzwasser ca. 5 Min. kochen. Bohnen beigeben, ca. 5 Min. weiterkochen, bis die Teigwaren al dente sind, abtropfen, in der vorbereiteten Form verteilen.
2. Rahm, Peperoncini und Bohnenkraut beigeben, mischen, würzen. Käse darauf verteilen.
3. **Gratinieren:** ca. 15 Min. in der Mitte des auf 220 Grad vorgeheizten Ofens.

Portion: 574 kcal, E 20 g, Kh 59 g, F 29 g

KARTOFFELGRATIN MIT KRÄUTERN

Vor- und zubereiten: ca. 20 Min.
Gratinieren: ca. 30 Min.
Für eine weite ofenfeste Form von ca. 2 Litern, gefettet

3 dl Milch
1½ dl Vollrahm
1 Knoblauchzehe, gepresst
1 TL Salz, wenig Pfeffer
1 kg mehlig kochende Kartoffeln

2 EL Petersilie, fein geschnitten
2 EL Salbei, fein geschnitten
50 g geriebener Gruyère

1. Milch, Rahm und Knoblauch in eine weite Pfanne geben, würzen. Kartoffeln in ca. 2 mm dicken Scheiben in die Pfanne hobeln. Unter Rühren aufkochen, bei kleiner Hitze unter gelegentlichem Rühren ca. 8 Min. köcheln.
2. Kräuter daruntermischen, in der vorbereiteten Form verteilen. Käse darüberstreuen.
3. **Gratinieren:** ca. 30 Min. in der oberen Hälfte des auf 200 Grad vorgeheizten Ofens.

   Lässt sich vorbereiten: Gratin ca. 1 Tag im Voraus vorbereiten, auskühlen. Zugedeckt im Kühlschrank aufbewahren. Gratin ca. 30 Min. vor dem Gratinieren aus dem Kühlschrank nehmen. Die Gratinierzeit verlängert sich um ca. 5 Minuten.

Portion: 383 kcal, E 11 g, Kh 36 g, F 20 g

KÜRBISGRATIN MIT FEIGEN

Vor- und zubereiten: ca. 40 Min.
Backen: ca. 20 Min.
Für eine ofenfeste Form von ca. 2½ Litern

1 kg	**Kürbis** (z. B. Butternut), in Schnitzen, in ca. 5 mm dicken Scheiben
4	**Feigen,** in Sechsteln
50 g	**Baumnusskerne**
2 EL	**Olivenöl**
½ TL	**Salz, wenig Pfeffer**
1	**Zwiebel,** fein gehackt
3 EL	**glattblättrige Petersilie,** fein geschnitten
2 dl	**Saucen-Halbrahm**
¼ TL	**Muskat**
½ TL	**Salz, wenig Pfeffer**
80 g	**Ziegenweichkäse** (z. B. Chèvre St-Jacques), in Würfeln

1. Kürbis und alle Zutaten bis und mit Öl in der Form mischen, würzen.
2. **Backen:** ca. 10 Min. in der Mitte des auf 220 Grad vorgeheizten Ofens. Gratin herausnehmen.
3. Zwiebel und Petersilie über das Gemüse streuen. Rahm würzen, darübergiessen, Käse darauf verteilen, ca. 10 Min. fertig backen.

Portion: 411 kcal, E 8 g, Kh 22 g, F 32 g

Kürbisse

Botanisch sind Kürbisse Früchte. Die Sorten variieren nicht nur in Farbe und Form, auch in der Grösse: vom knapp faustgrossen Zierkürbis (nicht geniessbar) bis hin zum 800 Kilo schweren Riesenkürbis. Der Butternut zählt zu den besten Speisekürbissen. Sein Fruchtfleisch ist fest und hat ein süssliches, nussiges Aroma.

RATATOUILLE MIT KICHERERBSENSTREUSELN

Vor- und zubereiten: ca. 40 Min.
Backen: ca. 40 Min.

400 g Auberginen, in ca. 2 cm grossen Stücken
400 g Zucchini, in ca. 2 cm grossen Stücken
400 g Tomaten, geschält, in Stücken
250 g kleine festkochende Kartoffeln, in Vierteln
1 Zwiebel, grob gehackt
1 EL Olivenöl

1 Dose Kichererbsen (ca. 400 g), abgespült, abgetropft, grob gehackt
3 EL Thymianblättchen
1 Bio-Zitrone, nur abgeriebene Schale
3 EL geriebener Parmesan
2 EL ungesalzene geschälte Pistazien, grob gehackt
1 EL Olivenöl
½ TL Salz, wenig Pfeffer

1. Auberginen und alle Zutaten bis und mit Zwiebel auf einem mit Backpapier belegten Blech verteilen, Öl darüberträufeln.
2. **Backen:** ca. 10 Min. in der Mitte des auf 220 Grad vorgeheizten Ofens. Herausnehmen, Hitze auf 200 Grad reduzieren.
3. Kichererbsen und alle Zutaten bis und mit Öl mischen, würzen, auf dem Gemüse verteilen. ca. 30 Min. fertig backen.

Portion: 271 kcal, E 13 g, Kh 30 g, F 12 g

Kichererbsen

Diese Hülsenfrüchte ergänzen vegetarische Gerichte optimal, nicht nur wegen ihres hohen Eiweissgehalts, sondern dank des angenehm nussigen Aromas und ihrer samtigen Konsistenz.

HERZLICH EINGELADEN

HEMMUNGEN, VEGETARISCH ZU KOCHEN, WENN FREUNDE ZU BESUCH SIND? MIT DIESEN GERICHTEN BESTIMMT NICHT. ÜBERRASCHEN SIE IHRE GÄSTE MIT KULINARISCHEN HOCHGENÜSSEN, UND GENIESSEN SIE DIE ZEIT IN EINER GESELLIGEN RUNDE.

OFENKÜCHLEIN MIT AVOCADOFÜLLUNG

Vor- und zubereiten: ca. 35 Min.
Backen: ca. 30 Min.
Ergibt ca. 12 Stück

2 dl Wasser
50 g Butter
½ TL Salz
120 g Mehl

3–4 Eier, verklopft

2 Avocados
1 Tomate, entkernt, in Würfeli
50 g Baumnusskerne, geröstet, grob gehackt
2 EL Limettensaft
¼ TL Salz, wenig Pfeffer

1. **Brühteig:** Wasser mit Butter und Salz in einer Pfanne aufkochen, Hitze reduzieren. Mehl auf einmal beigeben, mit einer Kelle ca. 2 Min. rühren, bis sich ein geschmeidiger Teigkloss bildet, der sich vom Pfannenboden löst. Pfanne von der Platte nehmen.
2. Eier portionenweise darunterrühren. Der Teig soll weich von der Kelle fallen, jedoch nicht zerfliessen, er wird glatt und glänzend.
3. Teig portionenweise in einen Spritzsack mit gezackter Tülle (ca. 12 mm Ø) geben. Ca. 6 cm lange, schlangenförmige Streifen auf ein mit Backpapier belegtes Blech spritzen (kleines Bild).
4. **Backen:** ca. 30 Min. in der Mitte des auf 180 Grad vorgeheizten Ofens. Ofen nie öffnen! Ofenküchlein herausnehmen, aufschneiden, auf einem Gitter auskühlen.
5. Avocados mit einer Gabel zerdrücken, mit allen Zutaten bis und mit Limettensaft mischen, würzen, auf dem Boden der Ofenküchlein verteilen, Deckel darauflegen.

Dazu passt: Eisbergsalat.

Portion: 485 kcal, E 12 g, Kh 24 g, F 38 g

EISBERGSALAT

Vor- und zubereiten: ca. 10 Min.

2 EL Kräuteressig
3½ EL Olivenöl
1 EL Ahornsirup
Salz, Peffer, nach Bedarf
1 Eisbergsalat, in feinen Streifen

Essig, Öl und Ahornsirup verrühren, würzen. Salat beigeben, mischen.

Passt zu: pikanten Ofenküchlein, Frittata.

Portion: 104 kcal, E 1 g, Kh 3 g, F 11 g

Ofenküchlein formen

Teig auf einer Länge von ca. 6 cm schlangenförmig mit genügend Abstand auf ein mit Backpapier belegtes Blech spritzen.

KARTOFFELGNOCCHI MIT BARBA DI FRATE

Vor- und zubereiten: ca. 50 Min.

750 g Gschwellti (mehlig kochende Sorte), frisch gekocht, heiss geschält
200 g Mehl
50 g Sbrinz, fein gerieben
1 frisches Ei, verklopft
1½ TL Salz

Salzwasser, siedend
2 EL Butter

2 EL Butter
300 g Barba di frate, grobe Stiele und rotbraune Enden entfernt
¼ TL Salz, wenig Pfeffer

2 dl Rahm, flaumig geschlagen
3 EL Meerrettich, fein gerieben
wenig Pfeffer

1. Gschwellti durchs Passe-vite in eine Schüssel treiben, etwas abkühlen. Mehl, Käse, Ei und Salz beigeben, von Hand mischen. Die Masse sollte noch feucht sein, aber nicht mehr an den Händen kleben, evtl. wenig Mehl beigeben. Gnocchimasse auf wenig Mehl zu 4 Rollen von je ca. 1½ cm Ø formen. Rollen in ca. 2 cm lange Stücke schneiden, diese mit dem Daumen über einen Gabelrücken rollen, sodass ein Rillenmuster entsteht. Gnocchi auf ein bemehltes Tuch legen.
2. Ofen auf 60 Grad vorheizen, Platte und Teller vorwärmen.
3. Gnocchi portionenweise im leicht siedenden Salzwasser ca. 4 Min. ziehen lassen, bis sie an die Oberfläche steigen. Mit einer Schaumkelle herausnehmen, abtropfen, Butter beigeben, warm stellen.
4. Butter in einer Pfanne warm werden lassen. Barba di frate ca. 4 Min. andämpfen, würzen. Gnocchi auf die vorgewärmten Teller verteilen, Barba di frate darauf anrichten.
5. Rahm und Meerrettich mischen, auf den Gnocchi verteilen, würzen.

Portion: 642 kcal, E 18 g, Kh 62 g, F 35 g

Barba di frate

Das Wegerichgewächs wird auch unter dem Namen Mönchsbart nur kurze Zeit im Frühling angeboten. Beim Rüsten die dicken und zähen Stiele sowie die braunen Stängelstücke entfernen. Die zarten, grünen Halme schmecken roh in einem Salat erfrischend und leicht säuerlich. Gedämpft ist Barba die frate eine Delikatesse.

CARAMELLE MIT SAFRANBUTTER

Vor- und zubereiten: ca. 40 Min.
Ergibt 32 Stück

- **500 g Ricotta**
- **3 EL Bärlauch,** fein geschnitten
- **1½ TL Salz, wenig Pfeffer**
- **4 Rollen Pastateig**

- **Salzwasser,** siedend

- **3 EL Butter**
- **1 Knoblauchzehe,** in Scheibchen
- **einige Safranfäden**

1. Ricotta und Bärlauch mischen, würzen. Teig entrollen, längs halbieren, in je 4 gleich grosse Stücke schneiden. Je ca. 1 Esslöffel Ricottamasse auf die Mitte der Teigstücke verteilen, freie Teigflächen mit wenig Wasser bestreichen, zu Bonbons formen.
2. Caramelle portionenweise je ca. 5 Min. im leicht siedenden Salzwasser ziehen lassen, mit einer Schaumkelle herausnehmen, abtropfen.
3. Butter in derselben Pfanne warm werden lassen. Knoblauch beigeben, andämpfen. Safran und Caramelle beigeben, nur noch warm werden lassen.

Tipp: Statt Bärlauch 40 g Jungspinat verwenden.

Portion: 665 kcal, E 28 g, Kh 73 g, F 29 g

Tofu

Der Sojabohnenquark gilt als eine gute pflanzliche Eiweissquelle für Vegetarier. Er ist leicht verdaulich und dank seines neutralen Aromas vielseitig einsetzbar. Die Chinesen sollen ihn als Erste hergestellt haben, aber die Japaner haben die Tofuproduktion perfektioniert. Es gibt verschiedene Texturen. Sehr zart und delikat ist der Seidentofu. Er eignet sich vor allem als Suppeneinlage oder roh mit leichten Saucen als Vorspeise. Der bei uns bekanntere Tofu eignet sich dagegen bestens zum Braten und Dämpfen.

ZITRONENGRASRISOTTO MIT TOFU

Vor- und zubereiten: ca. 30 Min.

1 EL Butter
1 Zwiebel, fein gehackt
2 Stängel Zitronengras, gequetscht
350 g Risottoreis (z. B. Carnaroli)

4 dl Weisswein

8 dl Gemüsebouillon, heiss
5 EL geriebener Parmesan
2 EL Butter
Salz, Pfeffer, nach Bedarf

1 EL Butter
240 g Tofu nature, in Würfeli
2 kleine Zucchini, in kleinen Stücken
1 EL Zitronensaft
¼ TL Salz, wenig Pfeffer

1. Butter in einer Pfanne warm werden lassen. Zwiebel und Zitronengras andämpfen. Reis beigeben, unter Rühren dünsten, bis er glasig ist.
2. Die Hälfte des Weins dazugiessen, unter Rühren einkochen, restlichen Wein dazugiessen, vollständig einkochen.
3. Bouillon unter häufigem Rühren nach und nach dazugiessen, sodass der Reis immer knapp mit Flüssigkeit bedeckt ist, ca. 20 Min. köcheln, bis der Reis cremig und al dente ist. Zitronengras entfernen, Käse und Butter unter den Risotto rühren, würzen.
4. Butter in einer Pfanne warm werden lassen. Tofu und Zucchini ca. 5 Min. dämpfen. Zitronensaft beigeben, würzen, auf dem Risotto anrichten.

Portion: 510 kcal, E 16 g, Kh 72 g, F 18 g

HIRSETALER VOM GRILL

Vor- und zubereiten: ca. 30 Min.
Grillieren: ca. 8 Min.
Ergibt 16 Stück

- **4 dl Gemüsebouillon**
- **150 g Hirse**
- **150 g Rüebli,** fein gerieben
- **150 g Zucchini,** fein gerieben
- **1 Schalotte,** fein gehackt
- **80 g Halbhartkäse** (z. B Bündner Bergkäse), fein gerieben
- **1 Ei**
- **4 EL Estragon,** fein geschnitten

1. Bouillon aufkochen, Hirse einrühren, zugedeckt bei kleiner Hitze ca. 20 Min. köcheln. Pfanne von der Platte nehmen. Rüebli und alle Zutaten bis und mit Estragon beigeben, gut mischen. Masse in 16 Portionen teilen, mit nassen Händen zu Kugeln formen, etwas flach drücken.
2. **Holzkohle-/Gas-/Elektrogrill:** Hirsetaler in einer Grillschale bei geschlossenem Deckel über starker Glut oder auf höchster Stufe (ca. 250 Grad) beidseitig je ca. 4 Min. grillieren.

Tipp: Statt auf dem Grill Hirsetaler in wenig heissem Öl in einer beschichteten Bratpfanne beidseitig je ca. 4 Min. braten.

Dazu passt: Sommersalat.

Portion: 251 kcal, E 12 g, Kh 29 g, F 9 g

SOMMERSALAT

Vor- und zubereiten: ca. 10 Min.

- **1 TL Senf**
- **2 EL Kräuteressig**
- **3 EL Olivenöl**
- **1 TL flüssiger Honig**
- **Salz, Pfeffer,** nach Bedarf
- **1 roter Eichblattsalat,** zerzupft
- **50 g Kresse**

Senf, Essig, Öl und Honig verrühren, würzen. Salat und Kresse beigeben, mischen.

Passt zu: Hirsetalern, Rösti.

Portion: 98 kcal, E 1 g, Kh 3 g, F 9 g

BIERRISOTTO MIT HOPFENSPROSSEN

Vor- und zubereiten: ca. 30 Min.

---

1 EL Butter
2 Schalotten, fein gehackt
350 g Risottoreis (z. B. Carnaroli)

---

5 dl helles Bier

---

7 dl Gemüsebouillon, heiss
100 g Mascarpone
90 g eingelegte Hopfensprossen*, abgetropft, abgespült
Salz, Pfeffer, nach Bedarf

---

1. Butter in einer Pfanne warm werden lassen. Schalotten andämpfen. Reis beigeben, unter Rühren dünsten, bis er glasig ist.
2. Die Hälfte des Biers dazugiessen, unter Rühren einkochen. Restliches Bier dazugiessen, vollständig einkochen.
3. Bouillon unter häufigem Rühren nach und nach dazugiessen, sodass der Reis immer knapp mit Flüssigkeit bedeckt ist, ca. 20 Min. köcheln, bis der Reis cremig und al dente ist. Mascarpone und Hopfensprossen darunterrühren, würzen.

Dazu passen: Kopfsalatpäckli vom Grill.

Portion: 513 kcal, E 10 g, Kh 74 g, F 16 g

* Hopfensprossen sind in Spezialitätenläden oder übers Internet erhältlich. Ersatz: Mungbohnen-Sprossen.

KOPFSALATPÄCKLI VOM GRILL

Vor- und zubereiten: ca. 30 Min.
Grillieren: ca. 4 Min.
Ergibt 12 Stück

---

1 EL Butter
80 g Haferflocken
2½ dl Kokosmilch

---

4 Stängel Stangensellerie (ca. 250 g), in Würfeli
250 g geräuchter Tofu, in Würfeli
½ TL Salz, wenig Pfeffer
12 grosse Kopfsalatblätter

---

2 EL flüssiger Honig
2 EL Sojasauce
1 TL Sambal Oelek

---

1. Butter in einer Pfanne erwärmen. Haferflocken ca. 2 Min. dünsten. Kokosmilch dazugiessen, bei kleiner Hitze ca. 10 Min. köcheln.
2. Stangensellerie und Tofu daruntermischen, würzen, je auf die Mitte der Salatblätter verteilen, aufrollen, mit Küchenschnur zu Päckli binden.
3. **Holzkohle-/Gas-/Elektrogrill:** Päckli über mittelstarker Glut oder auf mittlerer Stufe (ca. 200 Grad) rundum ca. 4 Min. grillieren.
4. Honig, Sojasauce und Sambal Oelek verrühren, zu den Päckli servieren.

Tipp: Statt auf dem Grill Salatpäckli in wenig heissem Öl in einer beschichteten Bratpfanne rundum ca. 4 Min. braten.

Passt zu: Bierrisotto mit Hopfensprossen.

Portion: 358 kcal, E 16 g, Kh 27 g, F 21 g

GEFÜLLTES GEMÜSE VOM GRILL

Vor- und zubereiten: ca. 20 Min.
Grillieren: ca. 15 Min.

8 Tomaten

2 grosse Zucchini (ca. 400 g), in Vierteln

2 Peperoni

250 g Couscous

1 Bio-Zitrone, abgeriebene Schale und Saft

3 EL Zitronenmelisse, fein geschnitten

2 dl Wasser, siedend

75 g gesalzene Erdnüsse, grob gehackt

180 g griechisches Joghurt nature

1 EL Zitronenmelisse, fein geschnitten

Salz, Peffer, nach Bedarf

1. Von den Tomaten je einen Deckel abschneiden. Tomaten bis auf einen ca. 5 mm, Zucchini bis auf einen ca. 2 mm dicken Rand aushöhlen, Inneres und Tomatendeckel fein hacken, in eine Schüssel geben. Peperoni halbieren, entkernen. Gemüse auf eine Platte legen.
2. Couscous, Zitronenschale, Zitronensaft und Zitronenmelisse in die Schüssel geben, mischen, siedendes Wasser darübergiessen, zugedeckt ca. 5 Min. quellen lassen. Erdnüsse beigeben, Couscous mit einer Gabel lockern, Gemüse damit füllen.
3. **Holzkohle-/Gas-/Elektrogrill:** Gefülltes Gemüse über mittelstarker Glut oder auf mittlerer Stufe (ca. 200 Grad) ca. 15 Min. grillieren.
4. **Joghurtsauce:** Joghurt und Zitronenmelisse verrühren, würzen, zum Gemüse servieren.

   Tipp: Statt auf dem Grill gefülltes Gemüse auf ein mit Backpapier belegtes Blech legen. Backen: ca. 15 Min. in der Mitte des auf 200 Grad vorgeheizten Ofens.

Portion: 479 kcal, E 19 g, Kh 65 g, F 16 g

TOMME-PÄCKLI VOM GRILL

Vor- und zubereiten: ca. 20 Min.
Grillieren: ca. 6 Min.
Ergibt 4 Stück

3 EL Olivenöl
1 Bio-Zitrone, je ½ abgeriebene Schale und Saft
2 EL Salbei, fein geschnitten
1 Knoblauchzehe, gepresst
2 Auberginen, in ca. 3 mm dicken Scheiben

4 Tommes (je ca. 100 g)
2 Bürli, in dünnen Scheiben

1. Öl und alle Zutaten bis und mit Knoblauch verrühren. Auberginen beigeben, mischen.
2. Einen Tomme mit 4 Auberginenscheiben zu Päckli formen mit Küchenschnur binden (kleines Bild). Restliche Tommes zu gleichen Päckli formen.
3. **Holzkohle-/Gas-/Elektrogrill:** Päckli über mittelstarker Glut oder auf mittlerer Stufe (ca. 200 Grad) beidseitig je ca. 3 Min. grillieren. Bürlischeiben und restliche Auberginenscheiben ca. 3 Min. mitgrillieren.

Tipp: Statt auf dem Grill Tomme-Päckli in wenig heissem Öl in einer beschichteten Bratpfanne beidseitig je ca. 3 Min. braten.

Dazu passt: Rucolasalat.

Portion: 495 kcal, E 26 g, Kh 25 g, F 32 g

RUCOLASALAT

Vor- und zubereiten: ca. 5 Min.

1 EL Apfel- oder Weissweinessig
2 EL Olivenöl
Salz, Pfeffer, nach Bedarf
100 g Rucola

Essig und Öl verrühren, würzen. Rucola beigeben, mischen.

Passt zu: Tomme-Päckli, Gratins.

Portion: 61 kcal, E 1 g, Kh 1 g, F 6 g

Tomme-Päckli formen

2 Auberginenscheiben sich überlappend nebeneinanderlegen, je 1 Tomme daraufsetzen, mit je 2 Auberginenscheiben belegen, mit Küchenschnur zu Päckli binden.

Pikante Glacen

Vorbei ist die Zeit, als Glacen nur süss waren; heute bereichern auch pikante Varianten unsere Küche. Sie bilden einen interessanten Kontrast zu heissen Gerichten. Unsere Curryglace passt zu Hülsenfrüchten und lässt sich gut mit gedämpftem oder grilliertem Gemüse kombinieren. Auch einer Rüebli- oder Kürbiscremesuppe verleiht sie das gewisse Etwas.

CURRYGLACE

Vor- und zubereiten: ca. 10 Min.
Gefrieren: ca. 4 Std.

200 g saurer Halbrahm
2 EL Curry (z. B. Caribbean)
¼ TL Salz
1 dl Vollrahm, steif geschlagen

1. Sauren Halbrahm, Curry und Salz in einer Chromstahlschüssel verrühren. Schlagrahm mit dem Gummischaber sorgfältig darunterziehen.
2. **Gefrieren:** Masse zugedeckt ca. 4 Std. gefrieren, dabei 3-mal durchrühren.

   Lässt sich vorbereiten: Glace ca. 1 Woche im Voraus zubereiten. Glace ca. 15 Min. vor dem Servieren in den Kühlschrank stellen.

   Dazu passt: Linsengemüse.

Portion: 176 kcal, E 2 g, Kh 3 g, F 17 g

LINSENGEMÜSE

Vor- und zubereiten: ca. 30 Min.

200 g schwarze Linsen (Beluga)*
5 dl Wasser, siedend

1 EL Sesamöl
500 g Pak-Choi oder Krautstiel, in ca. 1 cm breiten Streifen
1 rote Zwiebel, in Schnitzchen
250 g Cherry-Tomaten, halbiert
½ TL Salz, wenig Pfeffer

1. Linsen im siedenden Wasser bei kleiner Hitze ca. 20 Min. köcheln, abtropfen.
2. Öl in einer Pfanne warm werden lassen. Pak-Choi und Zwiebel ca. 3 Min. andämpfen. Tomaten beigeben, kurz mitdämpfen. Linsen beigeben, nur noch heiss werden lassen, würzen.

   Passt zu: Curryglace.

Portion: 219 kcal, E 15 g, Kh 30 g, F 4 g

* Beluga-Linsen sind kleine, schwarze Linsen mit sehr feinem, aromatischem Geschmack. Sie gelten als Kaviar unter den Linsen.

SOMMERRAVIOLI

Vor- und zubereiten: ca. 30 Min.
Ergibt 16 Stück

1 EL Olivenöl
200 g Aubergine, in Würfeli
200 g Zucchini, in Würfeli
100 g Hartkäse (z. B. Pecorino Romano), fein gerieben
1 EL Pfefferminze, in feinen Streifen
1 frisches Eigelb

4 Rollen Pastateig
1 frisches Eiweiss, verklopft

Salzwasser, siedend

3 EL Olivenöl
3 EL Pfefferminze, in feinen Streifen

1. Öl in einer Pfanne warm werden lassen. Aubergine und Zucchini ca. 5 Min. andämpfen, etwas abkühlen. Käse, Pfefferminze und Eigelb daruntermischen.
2. Pastateig entrollen, längs halbieren, in je 4 gleich grosse Stücke schneiden. Je ca. 1 Esslöffel Füllung auf die Mitte von 4 Teigstücken geben, Teigränder mit wenig Eiweiss bestreichen, mit den freien Teigstücken bedecken. Ränder mit einer Gabel gut andrücken, dabei eingeschlossene Luft herausdrücken. Ravioli auf ein bemehltes Tuch legen, so weiterfahren, bis die Teige und die Füllung aufgebraucht sind.
3. Ofen auf 60 Grad vorheizen, Platte und Teller vorwärmen.
4. Ravioli portionenweise im leicht siedenden Salzwasser je ca. 5 Min. ziehen lassen, mit einer Schaumkelle herausnehmen, abtropfen, warm stellen.
5. **Pfefferminzöl:** Öl und Pfefferminze verrühren, auf den Ravioli verteilen.

Portion: 619 kcal, E 26 g, Kh 76 g, F 24 g

KARTOFFELN UND RÜEBLI MIT THYMIAN

Vor- und zubereiten: ca. 25 Min.
Backen: ca. 30 Min.

Bratschlauch

1 kg fest kochende Kartoffeln (z. B. Frühkartoffeln und Blaue Schweden), längs halbiert
2 Knoblauchzehen, in Scheibchen
2 EL Thymian, fein geschnitten
1 EL Olivenöl

500 g Bundrüebli, Grün auf ca. 2 cm gekürzt, längs halbiert
2 Knoblauchzehen, in Scheibchen
2 EL Thymian, fein geschnitten
1 EL Olivenöl

1. Vom Bratschlauch 2 Stück von je ca. 50 cm Länge abschneiden, diese auf der einen Seite nach Angabe auf der Verpackung verschliessen, auf ein Blech legen.
2. Kartoffeln, Knoblauch, Thymian und Öl mischen, im einen Bratschlauch verteilen.
3. Rüebli, Knoblauch, Thymian und Öl mischen, im zweiten Bratschlauch verteilen. Beide Bratschläuche nach Angabe auf der Verpackung verschliessen.
4. **Backen:** ca. 30 Min. in der unteren Hälfte des auf 220 Grad vorgeheizten Ofens.

Hinweis: Durch das Backen im Bratschlauch kommen die natürlichen Aromen der verschiedenen Gemüsesorten besser zur Geltung.

Dazu passen: verlorene Eier (S. 184).

Portion: 290 kcal, E 6 g, Kh 47 g, F 7 g

Seidentofu

Die seidige Textur dieser Tofuvariante ist ein unvergleichlicher Gaumenschmeichler. Aber wer Seidentofu mit Stäbchen essen möchte, braucht viel Geschick: Durch den hohen Wassergehalt hat er eine ähnliche Konsistenz wie Pudding. Daher wird er sorgfältig in Würfel geschnitten und ungekocht auf Gerichte oder in Suppen gegeben.

GEMÜSE-PILAW MIT SEIDENTOFU

Vor- und zubereiten: ca. 30 Min.

1 EL geröstetes Sesamöl
1 Zwiebel, fein gehackt
250 g Langkornreis (z. B. Parboiled)

6 dl Gemüsebouillon, heiss

2 EL geröstetes Sesamöl
200 g Chinakohl, in feinen Streifen
200 g Mungbohnen-Sprossen
100 g Shiitake, halbiert
1 roter Chili, entkernt, in Ringen
150 g Jungspinat
1 Limette, heiss abgespült, trocken getupft, abgeriebene Schale und Saft
100 g eingelegter Ingwer, abgetropft, fein gehackt

250 g Seidentofu, in Vierteln
2 EL Sesam, geröstet

1. Öl in einer Pfanne warm werden lassen. Zwiebel andämpfen, Reis beigeben, unter Rühren dünsten, bis er glasig ist.
2. Bouillon dazugiessen, aufkochen, Hitze reduzieren, zugedeckt bei kleiner Hitze ca. 20 Min. köcheln, bis alle Flüssigkeit eingekocht ist. Dabei Deckel nie abheben, nie umrühren.
3. Öl im Wok oder in einer weiten Bratpfanne warm werden lassen. Chinakohl, Sprossen, Pilze und Chili ca. 5 Min. rührbraten. Spinat, Limettenschale, -saft und die Hälfte des Ingwers beigeben, mischen.
4. Restlichen Ingwer unter den Reis mischen, in Schälchen verteilen. Gemüse darauf oder separat anrichten, Tofu darauf verteilen, Sesam darüberstreuen.

Portion: 441 kcal, E 14 g, Kh 62 g, F 16 g

PILZRAVIOLI

Vor- und zubereiten: ca. 30 Min.
Ergibt 32 Stück

50 g Butter
300 g Herbsttrompeten, fein gehackt
150 g braune Champignons, fein gehackt
50 g Haselnüsse, fein gehackt
1 Schalotte, fein gehackt
1 EL süsser Sherry oder Marsala
½ TL Salz, wenig Pfeffer

4 Rollen Pastateig

Salzwasser, siedend

2 EL Butter
2 EL Petersilie, fein geschnitten
3 EL süsser Sherry oder Marsala

1. Butter in einer Pfanne warm werden lassen. Pilze, Nüsse und Schalotte ca. 5 Min. dämpfen, Sherry beigeben, würzen, auskühlen.
2. Pastateig entrollen, längs halbieren, in je 4 gleich grosse Stücke schneiden. Je ca. 1 Esslöffel Füllung auf eine Seite der Teigstücke geben, Teigränder mit Wasser bestreichen, freie Teigflächen über die Füllung legen. Ränder mit einer Gabel gut andrücken, dabei eingeschlossene Luft herausdrücken. Ravioli auf ein bemehltes Tuch legen, so weiterfahren, bis die Teige und die Füllung aufgebraucht sind.
3. Ofen auf 60 Grad vorheizen, Platte und Teller vorwärmen.
4. Ravioli portionenweise im leicht siedenden Salzwasser je ca. 5 Min. ziehen lassen, mit einer Schaumkelle herausnehmen, abtropfen, warm stellen.
5. Butter warm werden lassen. Petersilie kurz dämpfen, Sherry beigeben, auf den Ravioli verteilen.

Portion: 632 kcal, E 18 g, Kh 76 g, F 27 g

Herrliche Wildpilze

Schon im Sommer schiessen die ersten Eierschwämme und Steinpilze aus dem Boden, Hochsaison für Wildpilze ist aber der Herbst: Auf Wochenmärkten kann man im September und Oktober eine Fülle dieser Delikatessen finden. Die Farbpalette reicht von Rosa über Orange, Violett bis Schwarz, und das Aromenspektrum ist weit. So duften die dunkelbraunen Herbsttrompeten wundervoll nach Wald und harmonieren sehr gut mit Petersilie und Sherry. Tipp: Im Frühling lässt sich dieses Gericht mit frischen Morcheln zubereiten. Sherry durch Cognac ersetzen.

RAVIOLI À L'ORANGE

Vor- und zubereiten: ca. 40 Min.
Ergibt 32 Stück

2	**Bio-Orangen**
200 g	**Hüttenkäse nature**
70 g	**geriebener Sbrinz**
1	**frisches Eigelb**
1 TL	**Salz, wenig Pfeffer**
4	**Rollen Pastateig**
1	**frisches Eiweiss,** verklopft
	Salzwasser, siedend
50 g	**Butter**
1 EL	**Rosmarin,** fein geschnitten

1. Von einer Orange Schale in eine Schüssel reiben. Hüttenkäse, Sbrinz, und Eigelb beigeben, mischen, würzen.
2. Von beiden Orangen Boden und Deckel, dann Schale ringsum bis auf das Fruchtfleisch wegschneiden. Fruchtfilets (Schnitze) mit einem scharfen Messer zwischen den weissen Häutchen herausschneiden, beiseite stellen.
3. Pastateig entrollen, längs halbieren. ¼ der Füllung in 8 Portionen (je ca. 1 Esslöffel) mit gleichmässigem Abstand auf einem Teigstreifen verteilen. Freien Teigstreifen mit wenig Eiweiss bestreichen, über die Füllung legen, leicht andrücken, mit einem gezackten Förmchen (ca. 7 cm Ø) Ravioli ausstechen. So weiterfahren, bis die Teige und die Füllung aufgebraucht sind.
4. Ofen auf 60 Grad vorheizen, Platte und Teller vorwärmen.
5. Ravioli portionenweise im leicht siedenden Salzwasser je ca. 5 Min. ziehen lassen, mit einer Schaumkelle herausnehmen, abtropfen, warm stellen.
6. Butter warm werden lassen. Rosmarin und beiseite gestellte Orangenfilets beigeben, warm werden lassen, auf den Ravioli verteilen.

Portion: 643 kcal, E 28 g, Kh 80 g, F 23 g

SAFRANKNÖPFLI

Vor- und zubereiten: ca. 30 Min.
Quellen lassen: ca. 30 Min.

300 g Mehl
¾ TL Salz

1½ dl Milchwasser (½ Milch / ½ Wasser)
3 frische Eier
1 Briefchen Safran

Salzwasser, siedend

1. Mehl und Salz in einer Schüssel mischen, in der Mitte eine Mulde eindrücken.
2. Milchwasser, Eier und Safran verrühren, nach und nach unter Rühren in die Mulde giessen, mit einer Kelle mischen und so lange klopfen, bis der Teig glänzt und Blasen wirft. Zugedeckt bei Raumtemperatur ca. 30 Min. quellen lassen.
3. Ofen auf 60 Grad vorheizen, Schüssel und Teller vorwärmen.
4. Teig portionenweise durchs Knöpflisieb ins leicht siedende Salzwasser streichen. Knöpfli ziehen lassen, bis sie an die Oberfläche steigen, mit einer Schaumkelle herausnehmen, abtropfen, warm stellen.

Dazu passt: cremiger Rosenkohl.

Portion: 327 kcal, E 14 g, Kh 54 g, F 5 g

CREMIGER ROSENKOHL

Vor- und zubereiten: ca. 35 Min.

1 EL Butter
500 g Rosenkohl, halbiert
1 Zwiebel, fein gehackt
2 dl Saucen-Halbrahm
1 dl Gemüsebouillon

Butter in einer Pfanne warm werden lassen. Rosenkohl und Zwiebel ca. 10 Min. andämpfen. Rahm und Bouillon dazugiessen, aufkochen, Hitze reduzieren, ca. 15 Min. köcheln.

Passt zu: Safranknöpfli, Polenta.

Portion: 191 kcal, E 6 g, Kh 7 g, F 16 g

GEMÜSECURRY BOLLYWOOD

Vor- und zubereiten: ca. 40 Min.

1 EL Erdnussöl
300 g Pak-Choi, in feinen Streifen
250 g Kefen, schräg halbiert
250 g tiefgekühlte Erbsli
1 Broccoli, in Röschen
2 dl Gemüsebouillon

5 dl Kokosmilch
3 EL rote Currypaste (z. B. Pataks Tandoori)
1 Limette, heiss abgespült, trocken getupft, abgeriebene Schale und 1 EL Saft
1 TL Palm- oder Rohzucker
3 EL Thai-Basilikum, in feinen Streifen

1. Öl in einer Pfanne warm werden lassen. Gemüse ca. 5 Min. andämpfen. Bouillon dazugiessen, zugedeckt bei kleiner Hitze ca. 15 Min. köcheln.
2. Kokosmilch und alle Zutaten bis und mit Zucker gut verrühren, dazugiessen, nur noch heiss werden lassen, Basilikum darüberstreuen.

Tipp: Statt tiefgekühlte 500 g frische Erbsli, ausgelöst, und statt Thai-Basilikum Basilikum verwenden.

Dazu passt: Parfümreis.

Portion: 356 kcal, E 9 g, Kh 22 g, F 26 g

GEMÜSE-STROGANOW

Vor- und zubereiten: ca. 30 Min.

	Olivenöl zum Rührbraten
500 g	**Délicorn-Yasoya-Gemüse,** in Würfeli
500 g	**Austernpilze,** in Stücken
1	**Zwiebel,** fein gehackt
2	**Essiggurken,** in feinen Streifen
je 1	**rote und gelbe Peperoni,** in feinen Streifen
2 TL	**Edelsüss-Paprika**
¼ TL	**Salz, wenig Pfeffer**
200 g	**saurer Halbrahm**
1 dl	**Gemüsebouillon**
2 EL	**Petersilie,** fein geschnitten

1. Öl im Wok oder in einer weiten Bratpfanne heiss werden lassen. Yasoya ca. 3 Min. rührbraten, herausnehmen. Bratfett auftupfen, wenig Öl beigeben. Pilze ca. 3 Min. rührbraten, Hitze reduzieren.
2. Zwiebel, Essiggurken und Peperoni ca. 5 Min. mitdämpfen, würzen.
3. Rahm und Bouillon dazugiessen Yasoya wieder beigeben, nur noch heiss werden lassen, Petersilie darüberstreuen.

Dazu passen: Spätzli.

Portion: 294 kcal, E 28 g, Kh 12 g, F 15 g

SPARGEL-CANNELLONI

Vor- und zubereiten: ca. 30 Min.
Backen: ca. 20 Min.
Für eine ofenfeste Form von ca. 2 Litern, gefettet

1½ kg	**grüne Spargeln,** unteres Drittel geschält, schräg in ca. 5 mm dicken Scheiben
	Salzwasser, siedend
2	**Rollen Pastateig**
3 dl	**Vollrahm**
70 g	**geriebener Gruyère**
¾ TL	**Salz, wenig Pfeffer**
3 EL	**Schnittlauch,** fein geschnitten

1. Spargeln im Salzwasser ca. 3 Min. knapp weich kochen, abtropfen, kalt abspülen. ⅓ der Spargeln in der vorbereiteten Form verteilen.
2. Pastateige entrollen, in je 5 gleich grosse Rechtecke schneiden. Restliche Spargeln auf die Teigstücke verteilen, aufrollen, mit der Verschlussseite nach unten in die Form legen.
3. Rahm und Käse verrühren, würzen, über die Cannelloni giessen.
4. **Backen:** ca. 20 Min. in der Mitte des auf 220 Grad vorgeheizten Ofens. Cannelloni herausnehmen, Schnittlauch darüberstreuen.

Portion: 578 kcal, E 20 g, Kh 49 g, F 34 g

MOMOS MIT TAMARINDENSAUCE

Vor- und zubereiten: ca. 70 Min.
Ergibt 32 Stück

300 g Mehl
2 dl Wasser, heiss

400 g tiefgekühlte Erbsli, angetaut, mit einer Gabel etwas zerdrückt
2 Bundzwiebeln mit dem Grün, Zwiebeln fein gehackt, Grün in Ringen
2 Knoblauchzehen, fein gehackt
6 EL Koriander oder glattblättrige Petersilie, fein geschnitten
2 grüne Chilis, fein gehackt
1¼ TL Salz, wenig Pfeffer

1 EL Olivenöl
1 Bundzwiebel mit dem Grün, Zwiebel fein gehackt, Grün in Ringen
6 EL Tamarindenpaste*
2 EL Wasser
1 EL Palm- oder Rohzucker
1 TL Salz, wenig Pfeffer
1 kg Tomaten, in Würfeli

1. Mehl und Wasser mischen, zu einem geschmeidigen, glatten Teig kneten, zugedeckt bei Raumtemperatur ca. 20 Min. quellen lassen.
2. Erbsli und alle Zutaten bis und mit Chilis mischen, würzen.
3. Teig zu 2 Rollen von je ca. 2 cm Ø formen, diese in je 16 gleich grosse Stücke schneiden. Teigstücke auf wenig Mehl zu Rondellen von je ca. 10 cm Ø auswallen. Je ca. 1 Esslöffel Füllung auf die Mitte der Teigstücke geben, Teigränder über der Füllung mit Daumen und Zeigefinger zusammendrücken, auf ein bemehltes Tuch legen.
4. Ofen auf 60 Grad vorheizen, Platte und Teller vorwärmen.
5. Dämpfkörbchen in eine weite Pfanne stellen. Wasser bis knapp unter den Körbchenboden einfüllen, Momos portionenweise im Dämpfkörbchen verteilen. Momos zugedeckt bei mittlerer Hitze ca. 10 Min. garen, warm stellen.
6. Öl in einer Pfanne warm werden lassen. Bundzwiebeln ca. 3 Min. dämpfen. Tamarinde und alle Zutaten bis und mit Pfeffer beigeben, gut verrühren, ca. 2 Min. köcheln. Tomatenwürfeli daruntermischen, nur noch heiss werden lassen, zu den Momos servieren.

Dampfgar-Tipp: Momos in zwei Lochschalen, gefettet, verteilen. Garen: ab Erreichen der Temperatur von 100 Grad ca. 10 Minuten.

* Tamarindenpaste ist in asiatischen Spezialitätenläden erhältlich. Ersatz: Tamarindensauce, Zitronensaft.

Portion: 469 kcal, E 18 g, Kh 86 g, F 5 g

Tamarinden

Die Schoten des Tamarindenbaums werden zum Würzen und Säuern asiatischer Gerichte verwendet. Da die Herstellung von Tamarindensaft und -paste sehr aufwändig ist, ist gekaufte Tamarindenpaste eine praktische Alternative.

KARTOFFELPUFFER

Vor- und zubereiten: ca. 45 Min.
Ergibt ca. 12 Stück

500 g fest kochende Kartoffeln
200 g Rüebli
1 Ei, verklopft
1 Knoblauchzehe, gepresst
½ TL Salz, wenig Pfeffer

Bratbutter zum Braten

1 EL Kräuteressig
3 EL Rapsöl
Salz, Pfeffer, nach Bedarf
400 g Rüebli

1. Ofen auf 60 Grad vorheizen, Platte und Teller vorwärmen.
2. Kartoffeln und Rüebli an der Röstiraffel reiben, mit Haushaltpapier trocken tupfen. Ei und Knoblauch daruntermischen, würzen.
3. Wenig Bratbutter in einer beschichteten Bratpfanne heiss werden lassen. Hitze reduzieren, 6 Portionen von je ca. 1½ Esslöffel Kartoffelmasse in die Pfanne geben, zu Tätschli formen, beidseitig je ca. 10 Min. goldbraun braten, warm stellen. Mit der restlichen Masse gleich verfahren.
4. Essig und Öl verrühren, würzen. Rüebli mit dem Sparschäler direkt in die Sauce abschälen, mischen. Rüebli mit den Kartoffeltätschli auf Tellern anrichten.

Dazu passt: Dill-Sabayon.

Portion: 251 kcal, E 5 g, Kh 25 g, F 14 g

DILL-SABAYON

Vor- und zubereiten: ca. 10 Min.

1 frisches Eigelb
3 EL Weisswein
1 Prise Zucker
2 EL Dill, fein geschnitten
1 Prise Salz, wenig Pfeffer

Eigelb, Wein und Zucker in einer dünnwandigen Schüssel verrühren, Schüssel über das nur leicht siedende Wasserbad hängen, sie darf das Wasser nicht berühren. Masse mit dem Schwingbesen ca. 5 Min. sehr gut rühren, bis das Sabayon schaumig ist und sich Rührspuren abzeichnen. Schüssel herausnehmen, Dill darunterrühren, würzen, sofort servieren.

Passt zu: Kartoffelpuffer, Ravioli.

Portion: 26 kcal, E 1 g, Kh 0 g, F 2 g

KLASSIKER, VEGETARISCH

WER SICH ENTSCHLIESST, VEGETARISCH ZU ESSEN, TRAUERT MEIST EIN PAAR LIEBLINGSGERICHTEN NACH. AB SOFORT NICHT MEHR: DIESE VEGI-VARIANTEN DER BELIEBTESTEN KLASSIKER TOPPEN MANCHMAL SOGAR DAS ORIGINAL. EIN BEWEIS? DIE SPAGHETTI CARBONARA SIND EINFACH GENIAL.

Délicorn

Délicorn-Produkte werden aus Soja, Weizen oder Milch hergestellt. Als Bindemittel wird in einigen Produkten Eiweiss von Eiern, Käse oder Milcheiweiss verwendet. Konsistenz und Geschmack kommen sehr nahe an Fleischgerichte heran. So können auch Vegetarier unseren Klassiker geniessen.

MAFALDINE BOLOGNESE

Vor- und zubereiten: ca. 1½ Std.

Öl zum Anbraten
230 g Délicorn-Gehacktes
1 TL Edelsüss-Paprika
½ TL Salz, wenig Pfeffer

1 Zwiebel, fein gehackt
1 Knoblauchzehe, gepresst
1 Lorbeerblatt
2 EL Tomatenpüree
400 g Tomaten, in Würfeln
150 g Sellerie, in Würfeli
1 Rüebli, in Würfeli
2 dl Gemüsebouillon
3 EL glattblättrige Petersilie, fein geschnitten

500 g Teigwaren (z. B. Mafaldine)
Salzwasser, siedend

1. Öl im Brattopf heiss werden lassen. Gehacktes ca. 2 Min. anbraten, herausnehmen, würzen. Hitze reduzieren, evtl. wenig Öl beigeben.
2. Zwiebel, Knoblauch und Lorbeer andämpfen. Tomatenpüree kurz mitdämpfen. Gemüse beigeben, kurz weiterdämpfen, Gehacktes wieder beigeben, mischen. Bouillon dazugiessen, aufkochen, Hitze reduzieren, zugedeckt ca. 1 Std. köcheln. Lorbeer entfernen, Petersilie daruntermischen.
3. Teigwaren im Salzwasser al dente kochen, abtropfen, mit der Sauce mischen.

Lässt sich vorbereiten: Die Sauce ca. 1 Tag im Voraus zubereiten, zugedeckt kühl stellen. Haltbarkeit: tiefgekühlt ca. 2 Monate.

Portion: 597 kcal, E 33 g, Kh 99 g, F 8 g

SELLERIE-CORDONS-BLEUS

Vor- und zubereiten: ca. 40 Min.
Ergibt ca. 12 Stück

1	**Sellerie** (ca. 500 g), halbiert, in ca. 4 mm dicken Scheiben
½	**Zitrone,** nur Saft
½ TL	**Salz**
120 g	**Gruyère,** fein gerieben
3 EL	**Mehl**
2	**Eier**
150 g	**Toastbrot,** in Stücken
1 EL	**Kümmel**
4 EL	**Bratbutter**

1. Ein Dämpfkörbchen in eine weite Pfanne stellen. Wasser bis knapp unter den Körbchenboden einfüllen. Sellerie mit Zitronensaft mischen, ins Dämpfkörbchen geben, salzen, zugedeckt bei mittlerer Hitze ca. 10 Min. knapp weich garen, herausnehmen, auskühlen.
2. Je 2 Selleriescheiben mit Käse füllen (kleines Bild).
3. Mehl in einen flachen Teller geben. Eier in einem tiefen Teller verklopfen. Toastbrot und Kümmel im Cutter mahlen oder fein hacken, in einen flachen Teller geben.
4. Ofen auf 60 Grad vorheizen, Platte und Teller vorwärmen.
5. Selleriescheiben portionenweise sorgfältig im Mehl wenden, überschüssiges Mehl abschütteln, im Ei, dann in der Brotmischung wenden, Panade gut andrücken.
6. Die Hälfte der Bratbutter in einer grossen beschichteten Bratpfanne heiss werden lassen. Hitze reduzieren, die Hälfte der Cordons bleus bei mittlerer Hitze beidseitig je ca. 3 Min. goldgelb braten. Cordons bleus herausnehmen, auf Haushaltpapier abtropfen, warm stellen, dabei die Ofentür mit einem Kellenstiel einen Spaltbreit offen halten. Restliche Cordons bleus gleich zubereiten.

Dazu passt: Risotto, Polenta.

Portion: 417 kcal, E 17 g, Kh 27 g, F 27 g

Selleriescheiben füllen

Käse auf der Hälfte der Selleriescheiben verteilen, restliche Selleriescheiben darauflegen, gut andrücken.

PILZGESCHNETZELTES, FLAMBIERT

Vor- und zubereiten: ca. 30 Min.

	Bratbutter zum Braten
250 g	**Champignons,** in Scheiben
250 g	**Morcheln,** in Vierteln, gut gewaschen, abgetropft
½ TL	**Salz, wenig Pfeffer**
½ dl	**Cognac**
1 EL	**Butter**
1	**Zwiebel,** fein gehackt
2	**Knoblauchzehen,** gepresst
2 TL	**Rosmarin,** fein geschnitten
1 TL	**Paprika**
3 dl	**Gemüsebouillon**
1 EL	**Maizena**
200 g	**saurer Halbrahm**

1. Bratbutter in einer beschichteten Bratpfanne heiss werden lassen. Pilze ca. 4 Min. braten, würzen, Hitze reduzieren. Cognac beigeben, anzünden, kurz flambieren. **Achtung!** Nicht unter dem eingeschalteten Dampfabzug flambieren. Pilze herausnehmen.
2. Butter in derselben Pfanne warm werden lassen. Zwiebel und Knoblauch andämpfen. Rosmarin und Paprika kurz mitdämpfen. Bouillon dazugiessen, aufkochen, auf die Hälfte einkochen.
3. Maizena mit dem sauren Halbrahm anrühren, unter Rühren mit dem Schwingbesen beigeben, ca. 5 Min. köcheln. Pilze wieder beigeben, nur noch heiss werden lassen.

Tipp: Statt frische Morcheln 50 g getrocknete Morcheln, eingeweicht, halbiert, gut gewaschen, abgetropft, verwenden.

Dazu passen: Nudeln, Knöpfli, Rösti.

Portion: 176 kcal, E 4 g, Kh 6 g, F 15 g

TOMATENSPAGHETTI

Vor- und zubereiten: ca. 30 Min.

350 g Spaghetti
Salzwasser, siedend

1 EL Olivenöl
1 Zwiebel, fein gehackt
1 Knoblauchzehe, gepresst
3 Tomaten, in Würfeln
1 kleine Aubergine, in Würfeli
1 Zucchini, in Würfeli
2 EL Tomatenpüree
1 dl Gemüsebouillon
¼ TL Salz, wenig Pfeffer

1. Spaghetti im Salzwasser al dente kochen, abtropfen.
2. Öl in derselben Pfanne warm werden lassen. Zwiebel und Knoblauch andämpfen. Gemüse und Tomatenpüree ca. 3 Min. mitdämpfen. Bouillon dazugiessen, bei kleiner Hitze ca. 10 Min. köcheln, würzen. Spaghetti beigeben, mischen.

Dazu passt: Zucchini-Piccata.

Portion: 392 kcal, E 14 g, Kh 70 g, F 5 g

ZUCCHINI-PICCATA

Vor- und zubereiten: ca. 25 Min.

3 EL Mehl
3 frische Eier
100 g geriebener Sbrinz
¼ TL Salz, wenig Pfeffer
3 Zucchini (ca. 600 g), schräg in ca. 1 cm dicken Scheiben
¼ TL Salz, wenig Pfeffer

2 EL Olivenöl

1. Ofen auf 60 Grad vorheizen, Platte und Teller vorwärmen.
2. Mehl in einen flachen Teller geben. Eier mit Käse, Salz und Pfeffer in einem tiefen Teller verklopfen. Zucchinischeiben würzen, portionenweise im Mehl, dann in der Eimasse wenden.
3. Öl in einer beschichteten Bratpfanne heiss werden lassen. Hitze reduzieren, Zucchini portionenweise bei mittlerer Hitze beidseitig je ca. 4 Min. braten, warm stellen.

Passt zu: Tomatenspaghetti, Risotto.

Portion: 267 kcal, E 16 g, Kh 9 g, F 18 g

INVOLTINI

Vor- und zubereiten: ca. 25 Min.
Backen: ca. 10 Min.
Ergibt ca. 12 Stück

2 **Auberginen** (ca. 650 g), längs in ca. 5 mm dicken Scheiben
3 EL **Olivenöl**
½ TL **Salz, wenig Pfeffer**

1 Glas **getrocknete Tomaten in Öl** (ca. 280 g), abgetropft, in feinen Streifen
100 g **Ricotta**
50 g **Pinienkerne,** grob gehackt
2 EL **Majoran,** fein geschnitten

3 EL **Aceto balsamico**
4 EL **Olivenöl**
1 EL **Wasser**
2 EL **Majoran,** fein geschnitten
1 **rote Zwiebel,** fein gehackt
1 **Knoblauchzehe,** gepresst
Salz, Pfeffer, nach Bedarf

1. Auberginen auf ein mit Backpapier belegtes Blech legen, beidseitig mit Öl bestreichen, würzen.
2. **Backen:** ca. 10 Min. in der Mitte des auf 220 Grad vorgeheizten Ofens. Auberginenscheiben herausnehmen, etwas abkühlen.
3. Tomaten und alle Zutaten bis und mit Majoran mischen. Füllung auf die Auberginenscheiben verteilen, aufrollen, auf eine Platte legen.
4. Essig und alle Zutaten bis und mit Knoblauch gut verrühren, würzen, über die Involtini träufeln.

Dazu passt: Risotto, Blattsalat.

Portion: 423 kcal, E 11 g, Kh 17 g, F 33 g

TOMATEN-SALTIMBOCCA MIT RISOTTO

Vor- und zubereiten: ca. 40 Min.

1 EL Butter
1 Zwiebel, fein gehackt
350 g Risottoreis (z. B. Carnaroli)

4 dl Weisswein

8 dl Gemüsebouillon, heiss

8 Zucchiniblüten mit Fruchtansatz (ca. 200 g)
¾ TL Salz, wenig Pfeffer

3 grosse Fleischtomaten (z. B. Ochsenherz), quer in ca. 1 cm dicken Scheiben
einige Salbeiblätter
Öl zum Braten
¼ TL Fleur de Sel
wenig Pfeffer

1. Butter in einer Pfanne warm werden lassen. Zwiebel andämpfen. Reis beigeben, unter Rühren dünsten, bis er glasig ist.
2. Die Hälfte des Weins dazugiessen, unter Rühren einkochen, restlichen Wein dazugiessen, vollständig einkochen.
3. Bouillon unter häufigem Rühren nach und nach dazugiessen, sodass der Reis immer knapp mit Flüssigkeit bedeckt ist, ca. 20 Min. köcheln, bis der Reis cremig und al dente ist.
4. Blütenstempel der Zucchini entfernen, Blüten in Streifen schneiden. Zucchini in Scheibchen schneiden, beides zum Risotto geben, würzen, mischen, ca. 2 Min. ziehen lassen.
5. Tomatenscheiben mit je 1 Salbeiblatt belegen. Wenig Öl in einer Bratpfanne heiss werden lassen, Hitze reduzieren. Tomatenscheiben portionenweise nur auf der belegten Seite ca. 3 Min. braten, herausnehmen, würzen, zum Risotto servieren.

Portion: 409 kcal, E 9 g, Kh 76 g, F 8 g

Zucchiniblüten
Die Zucchinipflanze hat männliche und weibliche Blüten, Früchte bilden sich aber nur aus den weiblichen. Die dekorativen Blüten schmecken leicht nussig. Sie lassen sich vielfältig füllen oder klein geschnitten unter Pasta oder Reisgerichte mischen. Vor Verwendung immer sorgfältig den Stempel entfernen. Die zarten Fruchtansätze (Zucchini) mitverwenden.

Grünkern

Vom 15. bis ins 19. Jahrhundert kämpfte Europas Landwirtschaft mit vielen Kälte- und Schlechtwetterperioden. Dieser sogenannten Kleinen Eiszeit verdanken wir den Grünkern: Bauern mussten unreifen Dinkel ernten, und um ihn geniessbar zu machen, wurden die Körner gedarrt (getrocknet). Das Resultat: eine köstliche Spezialität, die bis heute ihre Liebhaber hat.

OFENBRATEN MIT TOFU

Vor- und zubereiten: ca. 40 Min.
Backen: ca. 40 Min.
Für eine Cakeform von ca. 25 cm, mit Backpapier ausgelegt

5 dl Gemüsebouillon
200 g mittelfeines Grünkernschrot*

400 g Tofu nature, in Stücken
2 Eier
100 g Halbweissbrot vom Vortag, in Würfeli
150 g Lauch, fein geschnitten
1 Zwiebel, fein gehackt
2 Knoblauchzehen, fein gehackt
1 roter Chili, entkernt, fein gehackt
2 EL Senf

1. Bouillon aufkochen, Grünkernschrot einrühren, zugedeckt unter gelegentlichem Rühren bei kleiner Hitze ca. 15 Min. weich köcheln, in eine grosse Schüssel geben.
2. Tofu und Eier pürieren, mit dem Brot und den restlichen Zutaten in die Schüssel geben. Alles von Hand gut kneten, bis sich die Zutaten zu einer kompakten Masse verbinden, in der vorbereiteten Form verteilen. Form mehrmals auf ein Tuch klopfen.
3. **Backen:** ca. 40 Min. in der Mitte des auf 180 Grad vorgeheizten Ofens. Herausnehmen, etwas abkühlen, auf ein Gitter stürzen. Tofubraten in Tranchen schneiden.

   Dazu passt: Rüebli-, Randensalat.

Portion: 374 kcal, E 21 g, Kh 48 g, F 11 g

* Grünkern ist in Drogerien oder Reformhäusern erhältlich, die Körner werden auf Wunsch geschrotet.

Ghackets mit Hörnli

Das schmeckt nach Kindheit! Ob Gross oder Klein, dieses Gericht gehört zu den absoluten Lieblingsgerichten der Schweizerinnen und Schweizer. Darum ist es höchste Zeit für eine fleischlose Version dieses Klassikers, die dem Original absolut ebenbürtig ist. Unbedingt ausprobieren!

GHACKETS MIT HÖRNLI UND BRÖSMELI

Vor- und zubereiten: ca. 1 Std.

2 EL	**Olivenöl**
500 g	**grüne und gelbe Zucchini,** in Würfeli
150 g	**Rüebli,** in Würfeli
2	**Bundzwiebeln mit dem Grün,** Zwiebeln fein gehackt, Grün in Ringen
1 EL	**Mehl**
1 EL	**Tomatenpüree**
1½ dl	**Weisswein**
3 EL	**Aceto balsamico**
¾ TL	**Salz, wenig Pfeffer**
500 g	**Teigwaren** (z. B. Hörnli)
	Salzwasser, siedend
50 g	**Butter**
50 g	**Paniermehl**

1. Öl in einer Pfanne warm werden lassen. Gemüse ca. 5 Min. andämpfen. Mehl und Tomatenpüree beigeben, kurz mitdämpfen.
2. Wein und Aceto dazugiessen, aufkochen, Hitze reduzieren, zugedeckt ca. 40 Min. köcheln, würzen.
3. Teigwaren im Salzwasser al dente kochen, abtropfen, mit der Sauce mischen.
4. Butter in einer Bratpfanne warm werden lassen. Paniermehl bei mittlerer Hitze goldbraun rösten, Brösmeli auf den Hörnli verteilen.

Dazu passt: Apfelmus.

Portion: 710 kcal, E 22 g, Kh 108 g, F 20 g

VEGI-BURGER

Vor- und zubereiten: ca. 25 Min.
Aufgehen lassen: ca. 1 Std.
Backen: ca. 25 Min.
Ergibt 12 Stück

500 g Mehl
1½ TL Salz
⅓ Würfel Hefe (ca. 15 g), zerbröckelt
3¼ dl lauwarmes Wasser
3 EL Olivenöl

3 EL Olivenöl
1 EL Rosmarin, fein geschnitten
½ EL grobkörniges Meersalz

2 Dosen Kichererbsen (je ca. 400 g), abgespült, abgetropft
100 g Sbrinz, fein gerieben
2 Knoblauchzehen, gepresst
2 EL Pfefferminze, in feinen Streifen
¼ TL Kreuzkümmelpulver
½ TL Salz

Öl zum Braten

200 g saurer Halbrahm
2 EL Pfefferminze, fein geschnitten
Salz, Pfeffer, nach Bedarf
2 Tomaten, in Scheiben

1. **Hefeteig:** Mehl, Salz und Hefe in einer Schüssel mischen. Wasser und Öl dazugiessen, mischen, zu einem weichen, glatten Teig kneten. Zugedeckt bei Raumtemperatur ca. 1 Std. aufs Doppelte aufgehen lassen.
2. Teig auf ein mit Backpapier belegtes Blech geben, ca. 2 cm dick flach drücken. Oberfläche kreuzweise einschneiden, mit der Hälfte des Öls bestreichen, Rosmarin und Salz darüberstreuen.
3. **Backen:** ca. 25 Min. in der unteren Hälfte des auf 220 Grad vorgeheizten Ofens. Focaccia herausnehmen, mit dem restlichen Öl beträufeln, auf einem Gitter auskühlen.
4. Kichererbsen pürieren, in eine Schüssel geben. Käse und alle Zutaten bis und mit Salz beigeben, mischen, mit nassen Händen zu 12 Tätschli formen.
5. Wenig Öl in einer beschichteten Bratpfanne heiss werden lassen. Hitze reduzieren, Tätschli portionenweise beidseitig je ca. 4 Min. braten, herausnehmen, warm stellen.
6. Sauren Halbrahm und Pfefferminze mischen, würzen. Focaccia in 12 Stücke teilen, aufschneiden. Tätschli auf die unteren Focaccia-Hälften legen, Tomaten und Pfefferminzsauce darauf verteilen, Deckel darauflegen.

Portion: 981 kcal, E 35 g, Kh 116 g, F 42 g

SPAGHETTI CARBONARA

Vor- und zubereiten: ca. 30 Min.

350 g	**Spaghetti**
	Salzwasser, siedend
	Öl zum Anbraten
200 g	**geräucherter Tofu,** längs halbiert, in ca. 5 mm dicken Scheiben
2	**Zwiebeln,** in feinen Streifen
500 g	**Zucchini,** längs mit dem Sparschäler Streifen abgeschält
2 dl	**Rahm**
3	**frische Eier**
100 g	**geriebener Parmesan**
wenig	**Muskat**
¼ TL	**Salz, wenig Pfeffer**
	geriebener Parmesan, nach Belieben

1. Spaghetti im Salzwasser al dente kochen, abtropfen.
2. Öl in einer beschichteten Bratpfanne heiss werden lassen. Tofu beidseitig je ca. 1 Min. anbraten, herausnehmen. Hitze reduzieren, Bratfett auftupfen, wenig Öl beigeben.
3. Zwiebeln andämpfen, Zucchini beigeben, zugedeckt bei mittlerer Hitze ca. 4 Min. mitdämpfen. Spaghetti und Tofu wieder beigeben, nur noch heiss werden lassen, Hitze reduzieren.
4. Rahm und alle Zutaten bis und mit Pfeffer gut verrühren, über die Spaghetti giessen, mit zwei Gabeln sorgfältig mischen (die Eier sollen nicht gerinnen), sofort servieren. Käse dazu servieren.

Portion: 759 kcal, E 36 g, Kh 70 g, F 36 g

WINTERGULASCH

Vor- und zubereiten: ca. 1 Std.

1 EL Butter
2 Zwiebeln, in Schnitzen
2 EL Tomatenpüree
500 g mehlig kochende Kartoffeln, in ca. 1 cm grossen Würfeln
400 g Rüebli, in ca. 1 cm grossen Würfeln
400 g Sellerie, in ca. 1 cm grossen Würfeln
200 g Petersilienwurzel, in ca. 1 cm grossen Würfeln

2 dl Rotwein (z. B. Merlot)
2 dl Gemüsebouillon
2 EL Edelsüss-Paprika
½ TL Salz, wenig Pfeffer
3 EL glattblättrige Petersilie, fein geschnitten

1. Butter im Brattopf warm werden lassen. Zwiebeln und Tomatenpüree ca. 5 Min. andämpfen. Kartoffeln und Gemüse ca. 5 Min. mitdämpfen.
2. Wein und Bouillon beigeben, aufkochen, würzen. Hitze reduzieren, zugedeckt ca. 30 Min. köcheln. Petersilie darüberstreuen.

Tipp: Statt Petersilienwurzel Pastinaken verwenden.

Dazu passt: saurer Halbrahm.

Portion: 192 kcal, E 6 g, Kh 30 g, F 4 g

RIZ CASIMIR

Vor- und zubereiten: ca. 45 Min.

350 g Langkornreis (z. B. Parboiled)
Salzwasser, siedend

1 EL Butter
2 EL Mehl
1 EL Curry
4 dl Gemüsebouillon

1 EL Bratbutter
400 g Délicorn-Geschnetzeltes

1 Mango
1 EL Bratbutter
1 Baby-Ananas, in Scheiben, Strunk ausgestochen
1 Banane, schräg in Scheiben
2 EL Mandelblättchen, geröstet

1. Ofen auf 60 Grad vorheizen, Platte und Teller vorwärmen.
2. Reis im Salzwasser ca. 20 Min. knapp weich kochen, abtropfen, zugedeckt warm stellen.
3. Butter in derselben Pfanne warm werden lassen. Mehl und Curry beigeben, unter Rühren ca. 1 Min. dünsten. Bouillon dazugiessen, unter Rühren aufkochen, Hitze reduzieren, ca. 5 Min. köcheln, zugedeckt beiseite stellen.
4. Bratbutter in einer beschichteten Bratpfanne heiss werden lassen. Geschnetzeltes ca. 2 Min. anbraten, herausnehmen, in die Sauce geben, zugedeckt warm stellen. Bratpfanne mit Haushaltpapier ausreiben.
5. Von der Mango Fruchtfleisch beidseits entlang des flachen Steins abschneiden, in ca. 1 cm dicke Scheiben schneiden. Bratbutter in derselben Pfanne heiss werden lassen. Hitze reduzieren, Fruchtscheiben portionenweise bei mittlerer Hitze ca. 4 Min. braten, herausnehmen, warm stellen.
6. Reis mit der Sauce auf den vorgewärmten Tellern verteilen. Früchte darauf anrichten, Mandelblättchen darüberstreuen.

Portion: 688 kcal, E 29 g, Kh 99 g, F 20 g

Riz Casimir – jung gebliebener Senior

Dieses Gericht machte Furore und Curry in der Schweiz so richtig bekannt. Noch heute rangiert Riz Casimir bei Umfragen zu Lieblingsrezepten regelmässig unter den Top Ten. Gut 60 Jahre nach seiner Erfindung gibt es viele Variationen, auch vegetarische. Exotische Früchte aus der Dose und Currysauce aus dem Beutel gehören der Vergangenheit an. Denn mit frischen Produkten gekocht, schmeckt dieser Klassiker einfach viel besser.

NEU UND ÜBERRASCHEND

DIE MODERNE VEGETARISCHE KÜCHE HAT VIEL ZU BIETEN! DAS BEWEISEN VIELE KREATIVE KÖCHE WELTWEIT. SIE IST ABWECHSLUNGSREICH, EINFACH NACHZUKOCHEN UND SEHR RAFFINIERT. IM MITTELPUNKT STEHEN GUTE PRODUKTE, HIE UND DA VERFEINERT MIT EINER PRISE INTERNATIONALEM FLAIR.

NUDELN MIT SALZSTÄNGELI-BRÖSMELI

Vor- und zubereiten: ca. 25 Min.

500g	**Teigwaren** (z. B. Nudeln)
	Salzwasser, siedend
10g	**Butter**
25g	**Salzstängeli,** zerbröckelt
2 EL	**Petersilie,** fein geschnitten
25g	**Butter**
3	**Knoblauchzehen,** in Scheibchen
2	**rote Peperoncini,** in feinen Ringen, entkernt
300g	**Jungspinat**
	Salz, Pfeffer, nach Bedarf
	Parmesan, gerieben, nach Belieben

1. Teigwaren im Salzwasser al dente kochen, abtropfen.
2. Butter in derselben Pfanne warm werden lassen. Salzstängeli beigeben, rösten. Petersilie daruntermischen, herausnehmen, beiseite stellen.
3. Butter in derselben Pfanne warm werden lassen. Knoblauch und Peperoncini andämpfen, bis der Knoblauch goldgelb ist. Spinat und Teigwaren beigeben, nur noch heiss werden lassen, würzen, anrichten. Beiseite gestellte Brösmeli darüberstreuen, Käse dazu servieren.

Portion: 571 kcal, E 21 g, Kh 94 g, F 12 g

Morcheln

Diese Frühlingspilze sind eine Delikatesse. Auch heute noch lassen sie sich nur schlecht kultivieren und sind auch in der Natur eher rar. Die bekanntesten Arten sind die Spitzmorchel mit dunklem und die Speisemorchel mit hellem Hut. Frische Pilze lassen sich durch getrocknete ersetzen (siehe Tipp rechts), diese einweichen, gut waschen und abtropfen.

SPARGELRAGOUT MIT MORCHELN

Vor- und zubereiten: ca. 25 Min.
Backen: ca. 30 Min.

800 g kleine Frühkartoffeln, längs halbiert
1 EL Olivenöl
¾ TL Salz, wenig Pfeffer

1 EL Butter
2 Schalotten, in feinen Streifen
200 g Morcheln, in Vierteln, gut gewaschen, abgetropft
1 kg weisse Spargeln, geschält, längs halbiert, schräg in ca. 1 cm langen Stücken
½ TL Salz, wenig Pfeffer

2½ dl Halbrahm
2 EL trockener weisser Vermouth (z. B. Noilly Prat)
2 EL Schnittlauch, fein geschnitten

1. Kartoffeln, Öl, Salz und Pfeffer mischen, auf einem mit Backpapier belegten Blech verteilen.
2. **Backen:** ca. 30 Min. in der Mitte des auf 200 Grad vorgeheizten Ofens.
3. Butter in einer Pfanne warm werden lassen. Schalotten und Morcheln ca. 3 Min. andämpfen. Spargeln beigeben, würzen, zugedeckt bei kleiner Hitze ca. 5 Min. mitdämpfen.
4. Rahm dazugiessen, offen ca. 8 Min. köcheln. Vermouth und Schnittlauch beigeben, mischen.

Tipp: Statt frische 40 g getrocknete Morcheln, eingeweicht, gut gewaschen, abgetropft, verwenden.

Portion: 407 kcal, E 10 g, Kh 35 g, F 24 g

HIRSOTTO MIT GELBERBSEN

Vor- und zubereiten: ca. 1¼ Std.
Einweichen: ca. 12 Std.

200 g	**getrocknete Gelberbsen,** ca. 12 Std. eingeweicht, abgetropft
	Wasser, siedend
1 EL	**Olivenöl**
100 g	**Hirse**
3	**Bundzwiebeln mit dem Grün,** Zwiebeln fein gehackt, Grün in Ringen
1	**Knoblauchzehe,** fein gehackt
6 dl	**Gemüsebouillon**
1 EL	**Olivenöl**
500 g	**Cherry-Tomaten,** halbiert
3 EL	**Basilikum,** in feinen Streifen

1. Gelberbsen im leicht siedenden Wasser ca. 40 Min. kochen, abtropfen.
2. Öl in derselben Pfanne warm werden lassen. Hirse, Bundzwiebeln und Knoblauch kurz andämpfen, Gelberbsen wieder beigeben.
3. Bouillon dazugiessen, aufkochen, zugedeckt bei mittlerer Hitze ca. 20 Min. knapp weich köcheln.
4. Öl in einer Bratpfanne heiss werden lassen. Tomaten ca. 2 Min. braten, Basilikum beigeben, mit dem Hirsotto anrichten.

Portion: 330 kcal, E 16 g, Kh 48 g, F 9 g

PANIR MIT RATATOUILLE

Vor- und zubereiten: ca. 45 Min.
Kühl stellen: ca. 8 Std.

2 l pasteurisierte Vollmilch
1 dl Zitronensaft

1 EL Olivenöl
1 Zwiebel, grob gehackt
1 Knoblauchzehe, grob gehackt
1 gelbe Peperoni, in ca. 1½ cm grossen Stücken
1 Aubergine, in ca. 1½ cm grossen Würfeln
2 Zucchini, in ca. 1½ cm grossen Würfeln

500 g Tomaten, in Würfeln
1 EL Tomatenpüree
1 dl Gemüsebouillon

3 EL Basilikum, fein geschnitten
1 EL Aceto balsamico bianco
Salz, Pfeffer, nach Bedarf

1. **Panir** (1 Tag im Voraus zubereiten): Milch in einer grossen Pfanne unter Rühren aufkochen. Zitronensaft dazugiessen, kurz weiterrühren, Pfanne von der Platte nehmen. Die Milch trennt sich in eine flockige, weisse Masse und eine klare Flüssigkeit. Panir zubereiten (kleine Bilder).
2. Öl in einer Pfanne warm werden lassen. Zwiebel und Knoblauch andämpfen. Peperoni, Aubergine und Zucchini ca. 5 Min. mitdämpfen.
3. Tomaten, Tomatenpüree und Bouillon beigeben, unter gelegentlichem Rühren ca. 5 Min. köcheln.
4. Basilikum und Aceto beigeben, würzen. Panir in ca. 2 cm grosse Würfel schneiden, beigeben, nur noch warm werden lassen.

Dazu passt: Fladenbrot (z. B. Naan).

Lässt sich vorbereiten: Den Frischkäse (Panir) ca. 2 Tage im Voraus zubereiten, gut im Tuch verpackt im Kühlschrank aufbewahren.

Portion: 450 kcal, E 20 g, Kh 37 g, F 25 g

Panir (Frischkäse) zubereiten

Masse und Flüssigkeit durch ein mit einem feinen Tuch ausgelegtes Sieb giessen. Masse unter fliessendem Wasser kurz abkühlen, gut abtropfen. Das Tuch fest zusammendrehen und so viel Flüssigkeit wie möglich auspressen. Panir auf ca. 3 cm Dicke flach drücken.

Panir mit dem Tuch gut einpacken, auf einen flachen Teller legen, mit einem Brett und zwei Konservendosen beschweren. Panir ca. 8 Std. kühl stellen, so entsteht ein schnittfester Block.

SCHWARZER REIS MIT PILZSAUCE

Vor- und zubereiten: ca. 40 Min.

250 g schwarzer Vollreis (Riso Venere), kalt abgespült, gut abgetropft
Salzwasser, siedend
Butterflöckli

1 EL Butter
1 Zwiebel, fein gehackt
250 g Champignons, in Scheiben
1 dl Weisswein

½ TL Maizena
2 dl Saucen-Halbrahm
1 dl Gemüsebouillon

4 Délicorn-Bratwürste (ca. 400 g), längs halbiert, in Scheiben
Salz, Pfeffer, nach Bedarf
2 EL Petersilie, fein geschnitten

1. Reis im Salzwasser ca. 30 Min. knapp weich kochen, abtropfen. Reis zurück in die Pfanne geben, Butter daruntermischen, zugedeckt beiseite stellen.
2. Butter warm werden lassen, Zwiebel und Pilze andämpfen. Wein dazugiessen, auf die Hälfte einkochen.
3. Maizena mit Rahm und Bouillon anrühren, unter Rühren beigeben, aufkochen, ca. 3 Min. kochen.
4. Würste beigeben, nur noch heiss werden lassen, würzen, mit dem Reis anrichten, Petersilie darüberstreuen.

Portion: 553 kcal, E 27 g, Kh 51 g, F 24 g

TORTILLA MIT SÜSSKARTOFFELN

Vor- und zubereiten: ca. 45 Min.

	Bratbutter zum Braten
500 g	**Süsskartoffeln,** geschält, in ca. 2 mm dicke Scheiben gehobelt
1	**Zwiebel,** in ca. 2 mm dicke Ringe gehobelt
100 g	**Jungspinat**
6	**frische Eier**
1 dl	**Rahm**
wenig	**Muskat**
1 TL	**Salz, wenig Pfeffer**

1. Wenig Bratbutter in einer beschichteten Bratpfanne (ca. 28 cm Ø) warm werden lassen. Süsskartoffeln und Zwiebel beigeben, zugedeckt bei kleiner Hitze ca. 8 Min. andämpfen. Spinat daruntermischen, ca. 2 Min. mitdämpfen.
2. Eier mit dem Rahm verklopfen, würzen, in die Pfanne giessen. Masse zugedeckt bei kleiner Hitze ca. 15 Min. fest, aber nicht trocken werden lassen. Einen flachen Teller auf die Pfanne legen, Tortilla auf den Teller stürzen. Wenig Bratbutter in die Pfanne geben, Tortilla zurück in die Pfanne gleiten lassen, offen ca. 5 Min. fertig backen.

Tipp: Statt Süsskartoffeln je ca. 250 g Kartoffeln und Rüebli verwenden.

Portion: 341 kcal, E 12 g, Kh 27 g, F 20 g

Salat als Gemüse

Blattsalate können nicht nur roh gegessen werden. Die meisten Sorten eignen sich kurz gedämpft oder gebraten auch für warme Gerichte. Sehr mild schmecken Lattich, Jungspinat, Nüsslisalat oder Chinakohl. Etwas mehr Bitterstoffe haben die Blätter des grünen Chicorees, Endivie und Cicorino rosso.

AMORI MIT GORGONZOLA UND LATTICH

Vor- und zubereiten: ca. 30 Min.

500 g Teigwaren (z. B. Urdinkel Amori)
Salzwasser, siedend

1 EL Butter
1 Schalotte, fein gehackt
80 g Baumnusskerne, grob gehackt
2 dl Halbrahm
150 g Gorgonzola, in Stücken
¼ TL Salz, wenig Pfeffer

1 EL Olivenöl
300 g Lattich, in breiten Streifen
2 Prisen Salz

1. Teigwaren im Salzwasser al dente kochen, abtropfen.
2. Butter in derselben Pfanne warm werden lassen. Schalotte und Baumnüsse andämpfen. Rahm und Käse beigeben, heiss werden lassen, bis der Käse geschmolzen ist, würzen. Teigwaren wieder beigeben, mischen, nur noch heiss werden lassen.
3. Öl in einer Bratpfanne heiss werden lassen. Lattich ca. 1 Min. braten, salzen, auf den Teigwaren verteilen.

Tipp: Statt Lattich grünen Chicoree, Jungspinat oder Nüsslisalat verwenden.

Portion: 939 kcal, E 32 g, Kh 91 g, F 50 g

GLASNUDELN MIT PEPERONI UND MAIS

Vor- und zubereiten: ca. 25 Min.

100 g Glasnudeln
Wasser, siedend

2 EL Sesamöl
je 1 rote, gelbe und grüne Peperoni, in feinen Streifen
2 Maiskolben (je ca. 300 g), Körner vom Kolben geschnitten

3 EL Sojasauce
2 EL Limettensaft
½-1 EL Chiliflocken
4 EL Koriander, fein geschnitten

1. Nudeln in eine Schüssel geben, siedendes Wasser darübergiessen, ca. 4 Min. stehen lassen. Nudeln kalt abspülen, abtropfen.
2. Öl im Wok oder in einer weiten beschichteten Bratpfanne heiss werden lassen. Peperoni und Maiskörner ca. 4 Min. rührbraten, herausnehmen. Evtl. wenig Öl beigeben, Nudeln ca. 2 Min. rührbraten.
3. Sojasauce und alle Zutaten bis und mit Koriander beigeben, Gemüse daruntermischen, nur noch heiss werden lassen.

Dazu passen: Tofuspiessli.

Portion: 265 kcal, E 7 g, Kh 39 g, F 9 g

TOFUSPIESSLI

Vor- und zubereiten: ca. 10 Min.

240 g Tofu nature, in ca. 2 cm grossen Würfeln
8 Holzspiesschen
1 EL Sesamöl
2 EL Sweet Chili Sauce

Tofu an die Spiesschen stecken. Öl in einer beschichteten Bratpfanne heiss werden lassen. Spiessli rundum ca. 3 Min. braten, mit Sweet Chili Sauce bestreichen.

Passt zu: Glasnudeln mit Peperoni und Mais.

Portion: 98 kcal, E 5 g, Kh 6 g, F 6 g

OFENRÖSTI

Vor- und zubereiten: ca. 20 Min.
Backen: ca. 35 Min.
Ergibt 8 Stück

800 g fest kochende Kartoffeln

30 g Bratbutter, flüssig
¾ TL Salz, wenig Pfeffer

1. Kartoffeln an der Röstiraffel in eine Schüssel reiben, mit Haushaltpapier trocken tupfen.
2. Bratbutter, Salz und Pfeffer beigeben, mischen. Kartoffelmasse in 8 Häufchen auf ein mit Backpapier belegtes Blech geben, etwas flach drücken.
3. **Backen:** ca. 35 Min. in der Mitte des auf 200 Grad vorgeheizten Ofens.

Dazu passt: Spargelragout.

Portion: 169 kcal, E 3 g, Kh 22 g, F 6 g

SPARGELRAGOUT

Vor- und zubereiten: ca. 30 Min.

Bratbutter zum Braten
400 g Délicorn-Schnitzel, mariniert, trocken getupft, in ca. 1½ cm grossen Würfeln
2 Bundzwiebeln mit dem Grün, in feinen Ringen
500 g grüne Spargeln, unteres Drittel geschält, schräg in ca. 2 cm langen Stücken
¾ TL Salz, wenig Pfeffer

1 dl Weisswein
2 dl Saucen-Halbrahm
2 EL Kerbel, zerzupft

1. Wenig Bratbutter in einer beschichteten Bratpfanne heiss werden lassen. Délicorn-Würfel ca. 3 Min. anbraten, herausnehmen. Bratpfanne ausreiben, wenig Bratbutter beigeben. Hitze reduzieren, Bundzwiebeln und Spargeln ca. 5 Min. braten, würzen, Délicorn-Würfel wieder beigeben.
2. Wein und Rahm dazugiessen, aufkochen, bei kleiner Hitze ca. 5 Min. köcheln. Kerbel darüberstreuen.

Passt zu: Ofenrösti, Nudeln.

Portion: 433 kcal, E 22 g, Kh 12 g, F 31 g

LAUCHSPAGHETTI MIT VERLORENEN EIERN

Vor- und zubereiten: ca. 30 Min.

350 g Vollkornspaghetti
Salzwasser, siedend

3 EL Olivenöl
1 Lauch (ca. 300 g), in feinen Streifen
einige Safranfäden
1 dl trockener weisser Vermouth (z. B. Noilly Prat)
¼ TL Salz, wenig Pfeffer

1½ l Wasser
1 dl Weissweinessig
4 frische Eier
Salz, Pfeffer, nach Bedarf

1. Spaghetti im Salzwasser knapp al dente kochen, abtropfen.
2. Öl in derselben Pfanne warm werden lassen. Lauch und Safran ca. 5 Min. andämpfen. Vermouth dazugiessen, ca. 5 Min. köcheln, würzen. Spaghetti beigeben, nur noch heiss werden lassen.
3. **Verlorene Eier:** Wasser und Essig in einer Pfanne aufkochen, Hitze reduzieren. Eier einzeln in eine Tasse aufschlagen und sorgfältig ins leicht siedende Wasser gleiten lassen. Eier ca. 4 Min. unter dem Siedepunkt ziehen lassen, mit einer Schaumkelle herausnehmen, abtropfen, auf den Spaghetti anrichten, würzen.

Portion: 478 kcal, E 19 g, Kh 56 g, F 17 g

ROSMARINREIS MIT PORTWEINSCHALOTTEN

Vor- und zubereiten: ca. 1 Std.

50 g Butter
500 g Schalotten
30 g Puderzucker
2 dl roter Portwein
1 Zimtstange

1 EL Butter
350 g Langkornreis (z. B. Parboiled)
4 Zweiglein Rosmarin
7 dl Gemüsebouillon

100 g Ziegenfrischkäse nature (z. B. Appenzeller), in Würfeli

1. Butter in einer Pfanne warm werden lassen. Schalotten beigeben, ca. 5 Min. andämpfen. Puderzucker daruntermischen, kurz weiterdämpfen. Portwein und Zimt beigeben, zugedeckt ca. 15 Min. köcheln, Flüssigkeit offen ca. 8 Min. sirupartig einkochen. Zimtstange entfernen, zugedeckt beiseite stellen.
2. Butter in einer Pfanne warm werden lassen. Reis und Rosmarin beigeben, dünsten, bis der Reis glasig ist. Bouillon dazugiessen, aufkochen, bei kleiner Hitze ca. 20 Min. köcheln. Rosmarin entfernen.
3. Käse daruntermischen, nur noch heiss werden lassen, mit den Portweinschalotten anrichten.

Portion: 625 kcal, E 13 g, Kh 89 g, F 20 g

Quitten

Quitten sind roh nicht geniessbar. Gekocht dagegen sind sie vielseitig verwendbar und längst nicht nur für Desserts und Süsses: Ähnlich wie Äpfel harmonieren sie gut mit Kartoffeln und Zwiebeln. Vor Verwendung den feinen Flaum mit einem weichen Tuch abreiben, Quitten schälen und das Kerngehäuse wegschneiden.

ÄLPLERMAGRONEN MIT QUITTEN

Vor- und zubereiten: ca. 30 Min.
Für eine weite ofenfeste Form von ca. 2 Litern

400 g fest kochende Kartoffeln, in ca. 2 cm grossen Würfeln
Salzwasser, siedend
350 g Teigwaren (z. B. Älplermagronen)
2 Quitten, mit einem Tuch abgerieben, geschält, entkernt, in Schnitzen

2 dl Halbrahm
100 g rezenter Bergkäse, gerieben
wenig Muskat
½ TL Salz, wenig Pfeffer

1 grosse Zwiebel, in feinen Ringen
3 EL Mehl
2 EL Bratbutter

1. Ofen auf 120 Grad vorheizen, Form und Teller vorwärmen.
2. Kartoffeln im Salzwasser ca. 5 Min. kochen. Teigwaren und Quitten beigeben, aufkochen, Hitze reduzieren, ca. 8 Min. weiterkochen, bis die Teigwaren al dente sind, abtropfen, in die Form geben.
3. Rahm und alle Zutaten bis und mit Pfeffer mischen, in die Form giessen, warm stellen.
4. Zwiebelringe mit dem Mehl in einen Plastikbeutel geben, schütteln, bis sie gleichmässig mit Mehl überzogen sind. Bratbutter in einer beschichteten Bratpfanne heiss werden lassen. Zwiebelringe beigeben, unter Wenden bei mittlerer Hitze ca. 5 Min. knusprig braten. Zwiebelringe auf den Älplermagronen verteilen.

Portion: 735 kcal, E 24 g, Kh 90 g, F 31 g

OMELETTEN MIT KOHLRABIFÜLLUNG

Vor- und zubereiten: ca. 40 Min.
Quellen lassen: ca. 30 Min.
Ergibt ca. 12 Stück

200 g	**Mehl**
½ TL	**Salz**
4 dl	**Milch**
4	**frische Eier**
	Öl zum Backen
1 EL	**Olivenöl**
800 g	**Kohlrabi,** in Würfeli
2 dl	**Saucen-Halbrahm**
1 dl	**Gemüsebouillon**
3 EL	**Petersilie,** grob geschnitten
	Salz, Pfeffer, nach Bedarf

1. Mehl und Salz in einer Schüssel mischen, in der Mitte eine Mulde eindrücken. Milch und Eier verrühren, nach und nach unter Rühren mit dem Schwingbesen in die Mulde giessen, weiterrühren, bis der Teig glatt ist. Zugedeckt bei Raumtemperatur ca. 30 Min. quellen lassen.
2. Ofen auf 60 Grad vorheizen, Platte und Teller vorwärmen.
3. Wenig Öl in einer beschichteten Bratpfanne heiss werden lassen. So viel Teig in die Pfanne geben, dass der Boden dünn überzogen ist, Hitze reduzieren. Ist die Unterseite gebacken und löst sie sich von selbst, Omelette wenden, fertig backen, warm stellen. Mit dem restlichen Teig gleich verfahren.
4. Olivenöl in einer Pfanne warm werden lassen. Kohlrabi andämpfen. Rahm und Bouillon dazugiessen, zugedeckt unter gelegentlichem Rühren ca. 10 Min. köcheln. Petersilie daruntermischen, würzen, Omeletten damit füllen.

Tipp: Statt Kohlrabi rohe Randen verwenden, die Kochzeit verlängert sich um ca. 10 Minuten.

Portion: 529 kcal, E 20 g, Kh 48 g, F 28 g

Kohlrabi
Kohlrabi schmecken sowohl roh als auch gekocht und bieten einiges für die gesunde Ernährung: einen hohen Gehalt an Vitamin C, Kalium, Kalzium und Magnesium. Als Erste kommen die weissen Kohlrabi aus dem Gewächshaus auf den Markt, erst später die violetten und hellgrünen Kohlrabi vom Freiland. Diese schmecken etwas aromatischer.

TOFUKNÖDEL MIT KORIANDERQUARK

Vor- und zubereiten: ca. 50 Min.
Ergibt 12 Stück

- **500 g Halbweissbrot vom Vortag,** ohne Rinde, in ca. 1 cm grossen Würfeln
- **1 Knoblauchzehe,** gepresst
- **2 dl Gemüsebouillon,** lauwarm

- **100 g geräucherter Tofu,** fein gehackt
- **3 Eier**
- **1 Limette,** heiss abgespült, trocken getupft, abgeriebene Schale, davon 1 TL beiseite gestellt, und 1 EL Saft
- **½ TL Salz, wenig Pfeffer**

- **1½ l Gemüsebouillon**
- **4 Stängel Zitronengras,** gequetscht

- **500 g Kefen**
- **1 EL Butter**
- **Salz, Pfeffer,** nach Bedarf

- **150 g Rahmquark**
- **2 EL Koriander,** fein geschnitten
- **Salz, Pfeffer,** nach Bedarf

---

1. Brot und Knoblauch in eine Schüssel geben. Bouillon dazugiessen, mischen, ca. 10 Min. einweichen, dabei einmal gut mischen.
2. Tofu und alle Zutaten bis und mit Pfeffer beigeben, von Hand gut kneten, bis die Masse gut zusammenhält. In 12 Portionen teilen, zu Kugeln formen, dabei die Masse gut zusammendrücken.
3. Ofen auf 60 Grad vorheizen, Platte und Teller vorwärmen.
4. Bouillon mit Zitronengras aufkochen, Hitze reduzieren. Knödel portionenweise in der leicht siedenden Bouillon ca. 10 Min. ziehen lassen. Mit einer Schaumkelle herausnehmen, abtropfen, warm stellen, Zitronengras entfernen.
5. Kefen in der Bouillon ca. 5 Min. kochen, abtropfen. Butter in derselben Pfanne warm werden lassen. Kefen beigeben, kurz dämpfen, würzen.
6. **Korianderquark:** Quark und Koriander verrühren, würzen, mit den Kefen und den Knödeln anrichten, mit beiseite gestellter Limettenschale garnieren.

Portion: 544 kcal, E 27 g, Kh 73 g, F 16 g

Dörrbohnen

Bevor Büchsen und Tiefkühltruhe für die Konservierung erfunden worden sind, war das Dörren die wichtigste Methode, um die sommerliche Gemüseschwemme zu bewältigen und Vorräte für die kalte Jahreszeit anzulegen. Dörrbohnen sind typisch schweizerisch und fester Bestandteil einiger Traditionsgerichte wie der Berner Platte.

LAUWARMER DÖRRBOHNENSALAT

Vor- und zubereiten: ca. 40 Min.

150 g Dörrbohnen
2 Zweiglein Bohnenkraut
Wasser, siedend

4 EL Olivenöl
1 rote Zwiebel, fein gehackt
3 EL Kräuteressig
2 EL Bohnenkraut, fein geschnitten
¾ TL Salz, wenig Pfeffer

1. Bohnen und Bohnenkraut zugedeckt im Wasser ca. 30 Min. knapp weich kochen. Bohnen abtropfen, Bohnenkraut entfernen.
2. Öl in derselben Pfanne warm werden lassen, Zwiebel kurz andämpfen. Essig, Bohnenkraut und Bohnen beigeben, mischen, würzen, lauwarm servieren.

Dazu passen: Kartoffeltätschli.

Portion: 197 kcal, E 7 g, Kh 13 g, F 12 g

KARTOFFELTÄTSCHLI

Vor- und zubereiten: ca. 40 Min.
Ergibt 12 Stück

1,2 kg mehlig kochende Kartoffeln, in ca. 2 cm grossen Würfeln
Salzwasser, siedend
wenig Muskat
¾ TL Salz, wenig Pfeffer

2 frische Eier, verklopft
200 g Mehl
Bratbutter zum Braten

1. Ofen auf 60 Grad vorheizen, Platte und Teller vorwärmen.
2. Kartoffeln offen im Salzwasser ca. 15 Min. weich kochen, sehr gut abtropfen. Kartoffeln durchs Passe-vite in die Pfanne treiben, würzen, etwas abkühlen.
3. Eier und Mehl daruntermischen. Masse mit leicht bemehlten Händen zu 12 gleich grossen Tätschli (ca. 1½ cm dick) formen. Wenig Bratbutter in einer beschichteten Bratpfanne heiss werden lassen. Tätschli portionenweise bei mittlerer Hitze beidseitig je ca. 4 Min. braten, warm stellen.

Passt zu: lauwarmem Dörrbohnensalat.

Portion: 427 kcal, E 14 g, Kh 73 g, F 7 g

SCHMARRN MIT PILZSAUCE

Vor- und zubereiten: ca. 45 Min.

3 dl Milch
3 frische Eigelbe
125 g Mehl
1 TL Backpulver
1 Bund Petersilie
½ TL Salz

1 EL Butter
2 Schalotten, fein gehackt
400 g Eierschwämme, halbiert oder in Vierteln
2 EL Thymianblättchen
1 EL Mehl
1 EL trockener weisser Vermouth (z. B. Noilly Prat)
1 dl Gemüsebouillon

3 frische Eiweisse
1 Prise Salz
1 EL Butter

wenig Rucola, evtl. grobe Stiele entfernt

1. Milch und alle Zutaten bis und mit Salz in einen Messbecher geben, pürieren, zugedeckt ca. 10 Min. quellen lassen.
2. Butter in einer Pfanne warm werden lassen. Schalotten, Eierschwämme und Thymian ca. 2 Min. andämpfen. Mehl darüberstäuben, Vermouth und Bouillon beigeben, ca. 5 Min. köcheln, zugedeckt beiseite stellen.
3. Eiweisse mit dem Salz steif schlagen, sorgfältig unter den Teig ziehen. Butter in einer beschichteten Bratpfanne warm werden lassen. Teig beigeben, mit zwei Bratschaufeln bei mittlerer Hitze unter Wenden und Zerzupfen ca. 10 Min. backen.
4. Schmarrn auf Tellern verteilen, Pilze darauf anrichten, mit Rucola garnieren.

Portion: 287 kcal, E 13 g, Kh 29 g, F 13 g

RÖSTIROULADE

Vor- und zubereiten: ca. 30 Min.
Backen: ca. 40 Min.

240g Tofu nature oder geräucherter Tofu
2 Eier
½ TL Salz, wenig Pfeffer
150g tiefgekühlte Erbsli, angetaut
80g geriebener Sbrinz

800g mehlig kochende Kartoffeln
1 EL Rapsöl
¾ TL Salz, wenig Pfeffer
1 EL Rapsöl

1. Tofu mit Eiern, Salz und Pfeffer pürieren. Erbsli und Käse daruntermischen.
2. Kartoffeln an der Röstiraffel in eine Schüssel reiben. Öl, Salz und Pfeffer beigeben, gut mischen. Kartoffeln auf einem Backpapier rechteckig flach drücken (ca. 30×35 cm). Tofumasse darauf verteilen, glatt streichen. Backpapier von der Längsseite her leicht anheben, Roulade sorgfältig aufrollen, mithilfe des Backpapiers auf ein mit Backpapier belegtes Blech legen, mit Öl bestreichen.
3. **Backen:** ca. 40 Min. in der Mitte des auf 200 Grad vorgeheizten Ofens.

Dazu passt: Tomatensalat.

Portion: 379 kcal, E 19 g, Kh 30 g, F 18 g

TOMATENSALAT

Vor- und zubereiten: ca. 10 Min.

2 EL Sherry- oder Weissweinessig
2 EL Rapsöl
1 EL Koriander, grob geschnitten
Salz, Pfeffer, nach Bedarf
500g rote Cherry-Tomaten, halbiert
500g gelbe Cherry-Tomaten, halbiert

Essig, Öl und Koriander verrühren, würzen. Tomaten beigeben, mischen.

Passt zu: Röstiroulade.

Portion: 108 kcal, E 2 g, Kh 9 g, F 7 g

GRIESSGNOCCHI MIT DILL

Vor- und zubereiten: ca. 40 Min.
Gratinieren: ca. 10 Min.
Ergibt ca. 24 Gnocchi

25 g Butter
1 Zwiebel, fein gehackt
7 dl Milch
150 g Hartweizengriess

3 EL geriebener Parmesan
3 EL Dill, fein geschnitten
1 Ei
60 g geriebener Parmesan

1. Butter in einer Pfanne warm werden lassen. Zwiebel andämpfen, Milch dazugiessen, aufkochen. Griess einrühren, Hitze reduzieren, unter Rühren bei kleinster Hitze zu einem dicken Brei köcheln. Pfanne von der Platte nehmen, zugedeckt ca. 10 Min. quellen lassen.
2. Käse, Dill und Ei daruntermischen. Griessbrei auf einem kalt abgespülten Blechrücken ca. 1½ cm dick ausstreichen, auskühlen, mit dem Käse bestreuen. Halbmonde ausstechen, auf ein mit Backpapier belegtes Blech legen.
3. **Gratinieren:** ca. 10 Min. in der oberen Hälfte des auf 220 Grad vorgeheizten Ofens.

Dazu passt: Gurkengemüse.

Portion: 398 kcal, E 20 g, Kh 36 g, F 19 g

GURKENGEMÜSE

Vor- und zubereiten: ca. 20 Min.

1 EL Olivenöl
2 Gurken, längs halbiert, evtl. entkernt, in feinen Scheiben
1 Knoblauchzehe, gepresst
1 roter Peperoncino, entkernt, fein gehackt
1 Bio-Zitrone, nur abgeriebene Schale
1 TL Salz
200 g Crème fraîche

Öl in einer Pfanne warm werden lassen. Gurken und alle Zutaten bis und mit Salz beigeben, zugedeckt ca. 10 Min. dämpfen. Crème fraîche daruntermischen.

Passt zu: Griessgnocchi mit Dill.

Portion: 131 kcal, E 2 g, Kh 4 g, F 12 g

GEMÜSE-TAJINE MIT DÖRRPFLAUMEN

Vor- und zubereiten: ca. 20 Min.
Einweichen: ca. 12 Std.
Schmoren: ca. 50 Min.
Für einen Brattopf mit Deckel

200 g getrocknete Kichererbsen, ca. 12 Std. eingeweicht, abgetropft
500 g Tomaten, entkernt, in Würfeln
400 g Sellerie, in ca. 2 cm grossen Würfeln
200 g Rüebli, in ca. 2 cm grossen Würfeln
100 g entsteinte Dörrpflaumen
3 rote Zwiebeln, in Streifen
3 Knoblauchzehen, in Scheibchen
2 Zweiglein Thymian
1 Zimtstange, halbiert
1 EL Paprika
½ TL Kreuzkümmel
1 Briefchen Safran
wenig Cayennepfeffer
3 dl Gemüsebouillon
Butterflöckli

1. Brattopf ohne Deckel in die untere Hälfte des kalten Ofens schieben. Ofen auf 180 Grad vorheizen.
2. Kichererbsen und alle Zutaten bis und mit Cayennepfeffer mischen, in den heissen Brattopf geben. Bouillon dazugiessen, Butterflöckli darauf verteilen.
3. **Schmoren:** zugedeckt ca. 50 Min.

Tipps: Statt getrocknete Kichererbsen 1 Dose (ca. 400 g), abgespült, abgetropft, verwenden. Statt einen Brattopf mit Deckel eine Tajine verwenden.

Dazu passt: Couscous, Fladenbrot, Reis.

Portion: 276 kcal, E 14 g, Kh 46 g, F 4 g

LINSENEINTOPF MIT SAUERKRAUT

Vor- und zubereiten: ca. 30 Min.

300 g grüne Linsen
Wasser, siedend

100 g Cashew-Nüsse
500 g gekochtes Sauerkraut
50 g dunkle Sultaninen
3 EL Petersilie, fein geschnitten
½ TL Salz, wenig Pfeffer
180 g Dessert Extrafin (Sauermilch)

1. Linsen im Wasser ca. 20 Min. weich kochen, abtropfen.
2. Cashew-Nüsse in einer Bratpfanne rösten. Sauerkraut und Sultaninen beigeben, kurz dämpfen, Linsen daruntermischen, heiss werden lassen. Petersilie daruntermischen, würzen, anrichten, mit Dessert Extrafin garnieren.

Portion: 474 kcal, E 29 g, Kh 57 g, F 18 g

Linsen

Hülsenfrüchte sind eine wichtige Eiweissquelle in der Ernährung. Linsen sind leichter verdaulich als Bohnen und Erbsen. Es gibt verschiedene Sorten: braune und grüne ungeschälte Tellerlinsen, rote und gelbe Linsen, die bereits geschält sind, die schwarzen Beluga-Linsen und die grünen Puy-Linsen, die besonders zart sind.

LAUWARMER BOHNENSALAT

Vor- und zubereiten: ca. 80 Min.
Einweichen: ca. 12 Std.

400 g getrocknete Soissonbohnen, ca. 12 Std. eingeweicht, abgetropft
1½ l Wasser, siedend
3 Zweiglein Thymian

1 EL Rapsöl
1 Ananas, geschält, Strunk entfernt, in Würfeli
2 rote Zwiebeln, in Schnitzchen
2 EL Thymianblättchen
4 EL Apfelessig
4 EL Rapsöl
¾ TL Salz, wenig Pfeffer

1 kleiner Frisée (ca. 200 g), in breiten Streifen

1. Soissonbohnen mit dem Thymian im leicht siedenden Wasser ca. 1 Std. weich kochen. Bohnen abtropfen, Thymian entfernen.
2. Öl in derselben Pfanne warm werden lassen. Ananas und Zwiebeln ca. 5 Min. andämpfen. Thymian kurz mitdämpfen. Pfanne von der Platte nehmen, Bohnen beigeben. Essig, Öl, Salz und Pfeffer beigeben, mischen, etwas abkühlen.
3. Salat daruntermischen.

   Dazu passen: Laugen-Käseschnitten mit Kürbis.

Portion: 505 kcal, E 23 g, Kh 62 g, F 17 g

LAUGEN-KÄSESCHNITTEN MIT KÜRBIS

Vor- und zubereiten: ca. 10 Min.
Backen: ca. 15 Min.

500 g Kürbis (z. B. Butternut)
200 g rezenter Gruyère
2 Eier
¼ TL Kümmel
¾ TL Salz, wenig Pfeffer

6 Laugenzöpfli, (je ca. 75 g)

1. Kürbis und Käse an der Röstiraffel in eine Schüssel reiben. Eier, Kümmel, Salz und Pfeffer daruntermischen.
2. Laugenzöpfli halbieren, auf ein mit Backpapier belegtes Blech legen. Kürbis-Käse-Masse auf den Zöpfli verteilen.

   Backen: ca. 15 Min. in der oberen Hälfte des auf 200 Grad vorgeheizten Ofens.

   Passt zu: lauwarmem Bohnensalat.

Portion: 567 kcal, E 27 g, Kh 60 g, F 25 g

RICOTTA-GNOCCHI MIT THYMIANBUTTER

Vor- und zubereiten: ca. 30 Min.

500 g Ricotta
250 g Mehl
50 g Parmesan, gerieben
4 Eier
1 TL Thymianblättchen
1½ TL Salz, wenig Pfeffer

Salzwasser, siedend

30 g Butter
2 EL Thymianblättchen

Parmesan, gerieben

1. Ofen auf 60 Grad vorheizen, Platte und Teller vorwärmen.
2. Ricotta und alle Zutaten bis und mit Pfeffer in einer Schüssel gut verrühren.
3. Mit einem Esslöffel Gnocchi abstechen und portionenweise im leicht siedenden Salzwasser ca. 10 Min. unter dem Siedepunkt ziehen lassen. Mit einer Schaumkelle herausnehmen, abtropfen, warm stellen.
4. Butter in einer Bratpfanne warm werden lassen. Thymian beigeben, langsam knusprig braten. Thymianbutter auf den Gnocchi verteilen. Parmesan dazu servieren.

Dazu passen: Vanillerüebli.

Portion: 604 kcal, E 32 g, Kh 46 g, F 33 g

VANILLERÜEBLI

Vor- und zubereiten: ca. 25 Min.

1 EL Butter
500 g Rüebli, in Stücken
1 Vanillestängel, längs aufgeschnitten, Samen ausgekratzt
1 EL Zucker
1 dl Gemüsebouillon
1 EL Butter
Salz, Pfeffer, nach Bedarf

Butter in einer Pfanne warm werden lassen. Rüebli, Vanillestängel und -samen beigeben, andämpfen. Zucker darüberstreuen, ca. 2 Min. weiterdämpfen. Bouillon und Butter beigeben, Rüebli bei mittlerer Hitze ca. 10 Min. kochen, würzen, Vanillestängel entfernen.

Passt zu: Ricotta-Gnocchi.

Portion: 95 kcal, E 1 g, Kh 10 g, F 6 g

TANDOORI-SCHNITZEL MIT LATTICH

Vor- und zubereiten: ca. 25 Min.
Marinieren: ca. 1 Std.
Braten im Ofen: ca. 15 Min.

2 Knoblauchzehen, gepresst
1 EL Kreuzkümmelpulver
1 TL Korianderpulver
½ TL Chilipulver
2 EL Joghurt nature (Vollmilch)
2 EL Tandoori-Paste
1 EL Ingwer, fein gerieben
8 Délicorn-Schnitzel (z. B. Frischkäse & Kräuter)

200 g saurer Halbrahm
1 Limette, heiss abgespült, trocken getupft, abgeriebene Schale und 1 EL Saft
½ TL Salz, wenig Pfeffer
6 Mini-Lattiche, längs in Vierteln

1. Knoblauch und alle Zutaten bis und mit Ingwer gut verrühren. Schnitzel damit bestreichen, zugedeckt im Kühlschrank ca. 1 Std. marinieren. Schnitzel auf ein mit Backpapier belegtes Blech legen.
2. **Braten:** ca. 15 Min. in der Mitte des auf 200 Grad vorgeheizten Ofens.
3. Sauren Halbrahm und alle Zutaten bis und mit Pfeffer verrühren. Lattiche mit der Sauce anrichten, Schnitzel dazu servieren.

Portion: 534 kcal, E 27 g, Kh 36 g, F 31 g

Amarant

Die winzigen Körnchen des Amarants enthalten wertvolles Eiweiss und viel Kalzium, Eisen, Zink, Magnesium sowie B-Vitamine. Amarant eignet sich als Beilage wie Reis, als Suppeneinlage oder gemischt mit Gemüse als Eintopf. Zum Verfeinern von Salaten, Suppen oder Müesli eignet sich Amaranth-Poppkorn.

KARTOFFEL-KÜRBIS-CURRY

Vor- und zubereiten: ca. 35 Min.

5 dl Kokosmilch
1 dl Gemüsebouillon
3 EL gelbe Currypaste
1 EL Limettensaft
1 kg fest kochende Kartoffeln, in ca. 1 cm grossen Würfeln

1 kg Kürbis (z. B. Butternut), in ca. 1 cm grossen Würfeln
3 EL dunkle Sultaninen
einige Korianderblättchen, zerzupft
2 EL Amaranth-Poppkorn*

1. Kokosmilch und Bouillon aufkochen, Hitze reduzieren. Currypaste und Limettensaft beigeben, gut verrühren. Kartoffeln beigeben, bei kleiner Hitze ca. 10 Min. köcheln.
2. Kürbis und Sultaninen beigeben, ca. 5 Min. weich kochen. Koriander und Amarant darüberstreuen.

Portion: 525 kcal, E 9 g, Kh 62 g, F 25 g

* Amaranth-Poppkorn ist in Reformhäusern erhältlich. Ersatz: Popcorn.

EBLY® MIT FEDERKOHL

Vor- und zubereiten: ca. 20 Min.

1 EL Butter

1 Zwiebel, fein gehackt

1 Knoblauchzehe, in Scheibchen

500 g Federkohl, dicke Blattrippen herausgeschnitten, Blätter in feinen Streifen

300 g Ebly®

3 dl Gemüsebouillon

2 dl Wasser

300 g griechisches Joghurt nature

100 g getrocknete Tomaten in Öl, abgetropft, in feinen Streifen

Salz, Pfeffer, nach Bedarf

1. Butter in einer Pfanne warm werden lassen. Zwiebel und Knoblauch andämpfen. Kohl ca. 3 Min. mitdämpfen.
2. Ebly® beigeben, ca. 2 Min. dünsten. Bouillon und Wasser dazugiessen, aufkochen. Hitze reduzieren, offen unter gelegentlichem Rühren ca. 10 Min. köcheln. Joghurt und Tomaten beigeben, mischen, würzen.

Tipp: Statt Federkohl Wirz verwenden.

Portion: 467 kcal, E 18 g, Kh 65 g, F 14 g

Federkohl

Der Federkohl (auch Grünkohl genannt) ist winterhart, obwohl er ursprünglich aus dem Mittelmeerraum stammt. Seinen besten Geschmack entwickelt er gar erst nach einem starken Frost, weil sich sein Zuckergehalt dann verdoppelt. Neben Spinat gehört er zu den Spitzenreitern in Bezug auf Vitamin-C-, Carotin- und Kalziumgehalt. Federkohl ist leichter verdaulich als Kabis.

CAMARGUE-REIS MIT SCHWARZWURZELN

Vor- und zubereiten: ca. 45 Min.

250 g roter Vollreis (Camargue-Reis)
2 l Gemüsebouillon

1 kg Schwarzwurzeln
1 Zwiebel, fein gehackt
1 Knoblauchzehe, gepresst

3 EL glattblättrige Petersilie, fein geschnitten
150 g Hartkäse (z. B. Testun al Barolo oder Gruyère), zerbröckelt

1. Reis im Sieb unter fliessendem Wasser abspülen, abtropfen. Bouillon aufkochen, Reis beigeben, bei mittlerer Hitze ca. 20 Min. kochen.
2. Schwarzwurzeln unter fliessendem Wasser gründlich abbürsten, im Wasser schälen, längs halbieren, schräg in ca. 4 cm dicke Stücke schneiden (ergibt ca. 750 g). Schwarzwurzeln, Zwiebel und Knoblauch unter den Reis mischen, ca. 20 Min. fertig kochen, abtropfen.
3. Petersilie und Käse daruntermischen.

Portion: 402 kcal, E 21 g, Kh 52 g, F 11 g

1 MAL KOCHEN
2 MAL GENIESSEN

NEIN, HIER WIRD NICHT EINFACH AUFGEWÄRMT! AM ERSTEN TAG KOCHEN SIE EINEN TEIL DES GERICHTS IN DOPPELTER MENGE. EIN TEIL DAVON WIRD AM ZWEITEN TAG ÜBERRASCHEND ABGEWANDELT UND ERSCHEINT MIT EINEM GANZ NEUEN GESICHT AUF DEM TELLER. SO EINFACH LÄSST SICH ZEIT SPAREN.

1. TAG

TAGLIATELLE UND SPIEGELEI AUF GEMÜSE

Vor- und zubereiten: ca. 40 Min.

* 2 EL	1 EL	**Butter**
4	2	**Zwiebeln,** in Streifen
1 kg	500 g	**farbiger Krautstiel,** in Streifen
2	1	**Maiskolben** (ca. 250 g), Körner vom Kolben geschnitten
1 dl	½ dl	**Weisswein**
1½ TL	¾ TL	**Salz, wenig Pfeffer**
	300 g	**Teigwaren** (z. B. Tagliatelle)
		Salzwasser, siedend
	1 EL	**Butter**
	4	**frische Eier**
		Salz, nach Bedarf

1. Butter in einer Pfanne warm werden lassen. Zwiebeln, Krautstiel und Mais ca. 4 Min. andämpfen. Wein dazugiessen, ca. 5 Min. kochen, würzen.
2. Teigwaren im Salzwasser al dente kochen, abtropfen, zugedeckt beiseite stellen.
3. Butter in einer beschichteten Bratpfanne warm werden lassen. Eier nacheinander aufschlagen, hineingleiten lassen, bei kleiner Hitze ca. 2 Min. braten, salzen.
4. Krautstiel mit den Teigwaren anrichten, Spiegeleier darauflegen.

Portion: 457 kcal, E 20 g, Kh 64 g, F 13 g

2. TAG

MINI-CALZONI

- **1 ausgewallter Pizzateig** (ca. 25×38 cm), etwas dünner ausgewallt
- **250 g Ricotta**
- **½ TL Salz, wenig Pfeffer**
- **400 g Gemüse** vom Vortag
- **wenig Mehl**

1. Teig in 8 gleich grosse Stücke schneiden. Ricotta, Salz und Pfeffer gut verrühren, auf je eine Hälfte der Teigstücke verteilen, dabei einen Rand von ca. 2 cm frei lassen.
2. Je ca. 2 Esslöffel Gemüse auf dem Ricotta verteilen. Teigränder mit wenig Wasser bestreichen, freie Teighälften über die Füllung legen. Ränder mit einer Gabel gut andrücken. Calzoni auf ein mit Backpapier belegtes Blech legen, mit wenig Mehl bestäuben.
3. **Backen:** ca. 15 Min. in der unteren Hälfte des auf 240 Grad vorgeheizten Ofens.

Portion: 557 kcal, E 21 g, Kh 79 g, F 17 g

*** Menge für beide Tage**

1. TAG

SERVIETTENKNÖDEL MIT PILZRAGOUT

Vor- und zubereiten: ca. 40 Min.

*		
* 1 kg	500 g	**Halbweissbrot vom Vortag,** ohne Rinde, in ca. 1 cm grossen Würfeln
2	1	**Knoblauchzehe,** gepresst
4 EL	2 EL	**glattblättrige Petersilie,** fein geschnitten
4 dl	2 dl	**Milch,** lauwarm
4	2	**Eier**
wenig	wenig	**Muskat**
3 TL	1½ TL	**Salz, wenig Pfeffer**
		Salzwasser, siedend
	1 EL	**Olivenöl**
	1	**Zwiebel,** fein gehackt
	200 g	**Champignons,** geviertelt
	200 g	**kleine Eierschwämme**
	½ TL	**Salz, wenig Pfeffer**
	1 dl	**Weisswein**
	2 dl	**Saucen-Halbrahm**
	1 EL	**glattblättrige Petersilie,** fein geschnitten

1. Brot, Knoblauch und Petersilie in eine weite Schüssel geben, Milch darübergiessen, mischen, ca. 10 Min. einweichen, dabei einmal gut mischen.
2. Eier und alle Zutaten bis und mit Pfeffer beigeben, von Hand gut kneten, bis die Masse gut zusammenhält. Auf einer Klarsichtfolie zu einer Rolle von ca. 6 cm Ø formen, satt aufrollen. Knödel in der Folie im leicht siedenden Salzwasser ca. 15 Min. ziehen lassen. Mit einer Schaumkelle herausnehmen, abtropfen.
3. Öl in einer Pfanne warm werden lassen. Zwiebel andämpfen, Pilze ca. 5 Min. mitdämpfen, würzen. Wein und Rahm dazugiessen, ca. 5 Min. köcheln, Petersilie beigeben.
4. Knödel aus der Folie nehmen, Knödel in Scheiben schneiden, mit dem Pilzragout anrichten.

Tipp: Statt Klarsichtfolie Stoffserviette verwenden, diese satt aufrollen und an den Enden binden.

Portion: 533 kcal, E 18 g, Kh 64 g, F 22 g

2. TAG

GEBRATENE KNÖDEL MIT ROTKABIS

- 1 TL **Olivenöl**
- 1 **Zwiebel,** fein gehackt
- 800 g **Rotkabis,** fein gehobelt
- 1 **Birne,** fein gehobelt
- 3 dl **Gemüsebouillon**

- **Öl** zum Braten
- 1 **Serviettenknödel** vom Vortag (ca. 600 g), in Scheiben

1. Öl in einer Pfanne warm werden lassen. Zwiebel, Rotkabis und Birne ca. 5 Min. andämpfen. Bouillon dazugiessen, aufkochen, zugedeckt bei mittlerer Hitze ca. 10 Min. kochen, würzen.
2. Wenig Öl in einer beschichteten Bratpfanne heiss werden lassen. Hitze reduzieren, Knödel portionenweise beidseitig je ca. 4 Min. braten, mit dem Rotkabis anrichten.

Portion: 470 kcal, E 18 g, Kh 74 g, F 11 g

* **Menge für beide Tage**

1. TAG

SAFRANRISOTTO MIT FENCHEL

Vor- und zubereiten: ca. 35 Min.

* 2 EL	1 EL	**Butter**
2	1	**Zwiebel,** fein gehackt
1 kg	500 g	**Fenchel,** fein gehobelt
700 g	350 g	**Risottoreis** (z. B. Carnaroli)
2	1	**Briefchen Safran**
1 dl	½ dl	**trockener weisser Vermouth** (z. B. Noilly Prat)
4 dl	2 dl	**Weisswein**
2 l	1 l	**Gemüsebouillon,** heiss
40 g	20 g	**Butter**
50 g	25 g	**Sbrinz,** gerieben
		Salz, Pfeffer, nach Bedarf

1. Butter in einer Pfanne warm werden lassen. Zwiebel andämpfen, Fenchel kurz mitdämpfen. Reis und Safran beigeben, unter Rühren dünsten, bis der Reis glasig ist.
2. Vermouth und Wein dazugiessen, vollständig einkochen. Bouillon unter häufigem Rühren nach und nach dazugiessen, sodass der Reis immer knapp mit Flüssigkeit bedeckt ist, ca. 20 Min. köcheln, bis der Reis cremig und al dente ist.
3. Butter und Käse darunterrühren, würzen.

Portion: 426 kcal, E 10 g, Kh 73 g, F 11 g

2. TAG

GEFÜLLTE REISTÄTSCHLI

2 EL Basilikum, fein geschnitten
2 Knoblauchzehen, gepresst
1,2 kg Safranrisotto vom Vortag

Öl zum Braten
2 Eier
½ TL Salz, wenig Pfeffer

1. Basilikum und Knoblauch mischen. 1 Esslöffel Risotto in die Handfläche geben, Vertiefung eindrücken. Wenig Basilikum in die Vertiefung geben, mit 1 Esslöffel Risotto bedecken, zu Tätschli formen.
2. Wenig Öl in einer beschichteten Bratpfanne warm werden lassen. Eier mit Salz und Pfeffer in einem tiefen Teller verklopfen, Tätschli darin wenden, portionenweise beidseitig je ca. 4 Min. braten.

Dazu passt: Tomatensalat.

Portion: 491 kcal, E 13 g, Kh 73 g, F 16 g

* **Menge für beide Tage**

1. TAG

CHILI CON VERDURAS

Vor- und zubereiten: ca. 20 Min.
Einweichen: ca. 12 Std.
Schmoren: ca. 1½ Std.

* 300 g	**200 g getrocknete Indianerbohnen,** ca. 12 Std. eingeweicht, abgetropft
3 EL	**2 EL Olivenöl**
3	**2 Zwiebeln,** fein gehackt
2	**1 Knoblauchzehe,** gepresst
200 g	**100 g Petersilienwurzeln,** in Würfeli
2	**1 roter Chili,** gehackt
3 EL	**2 EL Tomatenpüree**
2 Dosen	**1 Dose gehackte Tomaten** (ca. 400 g)
1 Dose	**1 Dose Maiskörner** (ca. 285 g)
3 dl	**3 dl Rotwein**
1 dl	**1 dl Wasser**
1 TL	**½ TL Salz**
1 TL	**½ TL Cayennepfeffer**
	2 Avocados, halbiert
	1 Knoblauchzehe, gepresst
	1 grüner Chili, gehackt
	1 Limette, ganzer Saft
	½ TL Salz
	4 EL Koriander, geschnitten

1. Bohnen in siedendem Wasser ca. 30 Min. weich kochen, abtropfen.
2. Öl in einer Pfanne warm werden lassen. Zwiebeln und alle Zutaten bis und mit Tomatenpüree ca. 3 Min. andämpfen.
3. Bohnen, gehackte Tomaten und alle Zutaten bis und mit Cayennepfeffer beigeben, aufkochen. Zugedeckt unter gelegentlichem Rühren bei kleiner Hitze ca. 1½ Std. schmoren.
4. **Guacamole:** Avocados mit einer Gabel zerdrücken, mit allen Zutaten bis und mit Salz mischen. Die Hälfte des Korianders daruntermischen, zum Chili servieren, restlichen Koriander über das Chili streuen.

Tipp: Statt getrocknete Bohnen 1 Dose Indianerbohnen (ca. 400 g), abgespült, abgetropft, verwenden, mit den Tomaten beigeben.

Dazu passt: Fladenbrot.

Portion: 427 kcal, E 18 g, Kh 39 g, F 22 g

2. TAG

FAJITAS CON CHILI

800 g Chili vom Vortag
8 Weizen-Tortillas
200 g Crème fraîche
100 g Tilsiter, grob gerieben

1. Chili auf die Tortillas verteilen, aufrollen, in eine gefettete ofenfeste Form (ca. 3 Liter) legen. Crème fraîche und Käse darauf verteilen.
2. **Backen:** ca. 20 Min. in der unteren Hälfte des auf 200 Grad vorgeheizten Ofens.

Portion: 822 kcal, E 30 g, Kh 80 g, F 42 g

*** Menge für beide Tage**

1. TAG

GURKENSALAT MIT TOFUSPIESSLI

Vor- und zubereiten: ca. 25 Min.
Ergibt 12 Stück

* 1 dl	½ dl	**Apfelessig**
2 dl	1 dl	**geröstetes Sesamöl**
2 EL	1 EL	**Ingwer,** fein gerieben
1 TL	½ TL	**Salz, wenig Pfeffer**
4	2	**Gurken,** fein gehobelt
	500 g	**Tofu nature,** in ca. 2 cm grossen Würfeln
	12	**getrocknete Tomaten in Öl,** abgetropft
	12	**Salbeiblätter**
	12	**Holzspiesschen**
		geröstetes Sesamöl zum Braten
	¼ TL	**Salz, wenig Pfeffer**

1. Essig, Öl und Ingwer verrühren, würzen, Gurken beigeben, mischen.
2. Tofu, Tomaten und Salbeiblätter an die Spiesschen stecken. Wenig Öl in einer beschichteten Bratpfanne warm werden lassen. Spiessli portionenweise je ca. 4 Min. rundum braten, würzen, mit dem Gurkensalat anrichten.

Portion: 403 kcal, E 13 g, Kh 8 g, F 36 g

2. TAG

KALTE GURKENSUPPE MIT DILLBROT

750 g Gurkensalat vom Vortag, kalt
4 dl fettfreie Gemüsebouillon, kalt

4 Scheiben St. Galler Ruchbrot, halbiert
25 g gesalzene Butter
3 EL Dill, fein geschnitten

1. Gurkensalat mit der Bouillon pürieren.
2. **Rösten:** Brotscheiben auf dem Ofengitter ca. 4 Min. in der Mitte des auf 250 Grad vorgeheizten Ofens. Herausnehmen, mit Butter besteichen, Dill darüberstreuen, zur Suppe servieren.

Portion: 680 kcal, E 16 g, Kh 61 g, F 41 g

* **Menge für beide Tage**

1. TAG

GEBRATENES GEMÜSE MIT REIS

Vor- und zubereiten: ca. 40 Min.

* 600 g	**300 g Parfümreis**
9 dl	**4½ dl Wasser**
	1 EL Erdnussöl
300 g	**150 g Stangensellerie,** in Scheibchen
2	**1 Broccoli** (ca. 200 g), in Röschen
2	**1 roter Peperoni,** in Streifen
240 g	**120 g Mungbohnen-Sprossen**
200 g	**100 g Chinakohl,** in Streifen
3	**2 Bundzwiebeln mit dem Grün,** in Ringen
4	**2 Knoblauchzehen,** in Scheibchen
6 EL	**3 EL Sojasauce**
4 EL	**2 EL Koriander,** geschnitten
	500 g geräucherter Tofu, in ca. 1½ cm grossen Würfeln
	4 EL Sweet Chili Sauce
	½ EL Erdnussöl

1. Reis im Sieb unter fliessendem Wasser so lange spülen, bis dieses klar ist, gut abtropfen. Wasser mit dem Reis aufkochen, zugedeckt auf ausgeschalteter Platte ca. 15 Min. quellen lassen, dabei Deckel nie abheben. Reis mit einer Gabel lockern.
2. Öl im Wok oder in einer weiten Bratpfanne heiss werden lassen. Stangensellerie und Broccoli ca. 8 Min. rührbraten. Peperoni und alle Zutaten bis und mit Knoblauch beigeben, kurz weiterrührbraten. Sojasauce und Koriander daruntermischen.
3. Tofu mit der Chilisauce mischen. Öl in einer beschichteten Bratpfanne warm werden lassen. Tofu ca. 2 Min. braten, mit dem Gemüse und dem Reis anrichten.

Portion: 579 kcal, E 30 g, Kh 80 g, F 16 g

2. TAG

FRIED RICE

Erdnussöl zum Braten
650 g Reis vom Vortag
500 g Gemüse vom Vortag
3 EL Sojasauce

4 Eier
2 EL Sweet Chili Sauce
100 g Kokosflocken, geröstet

1. Wenig Öl in einer beschichteten Bratpfanne heiss werden lassen. Reis ca. 5 Min. rührbraten, herausnehmen. Wenig Öl beigeben, Gemüse ca. 3 Min. rührbraten, Reis und Sojasauce daruntermischen, auf Teller verteilen.
2. Wenig Öl beigeben, Eier mit Chili Sauce mischen, hineingiessen, hin- und herschieben, bis die Eimasse gestockt ist, mit den Kokosflocken auf dem Reis anrichten.

Portion: 633 kcal, E 18 g, Kh 75 g, F 29 g

*** Menge für beide Tage**

1. TAG KARTOFFELSTOCK MIT RASSIGEM RAGOUT

Vor- und zubereiten: ca. 45 Min.

* für beide Tage	Zutaten
* 2 kg	**1 kg mehlig kochende Kartoffeln,** in Stücken
	Salzwasser, siedend
3 dl	**1½ dl Milch**
100 g	**50 g Butter**
2 Msp.	**1 Msp. Muskat**
	Salz, Pfeffer nach Bedarf
	2 EL Rapsöl
	2 rote Zwiebeln, in Schnitzen
	400 g Shiitake, evtl. halbiert
	500 g Cherry-Tomaten, halbiert
	2 dl Saucen-Halbrahm
	1 dl Wasser
	1 EL pikante Sojasauce
	2 TL Sambal Oelek
	Salz, Pfeffer, nach Bedarf

1. Kartoffeln im Salzwasser ca. 20 Min. weich kochen, sehr gut abtropfen.
2. Milch mit der Butter in derselben Pfanne aufkochen. Pfanne von der Platte nehmen, Kartoffeln beigeben, mit den Schwingbesen des Handrührgeräts luftig rühren, würzen, zugedeckt beiseite stellen.
3. Öl in einer Bratpfanne heiss werden lassen. Hitze reduzieren, Zwiebeln und Pilze ca. 5 Min. anbraten. Cherry-Tomaten kurz mitbraten.
4. Rahm, Wasser, Sojasauce und Sambal Oelek verrühren, dazugiessen, ca. 5 Min. kochen, würzen, mit dem Kartoffelstock anrichten.

Portion: 545 kcal, E 11 g, Kh 47 g, F 3 g

2. TAG OFENGUCK MIT EIERN

1 kg Kartoffelstock vom Vortag
400 g Lauch, in feinen Streifen
1 EL Rapsöl
½ TL Salz

4 frische Eier
2 Prisen Salz, wenig Pfeffer

1. Kartoffelstock in einer gefetteten ofenfesten Form (ca. 3 Liter) verteilen. Lauch, Öl und Salz mischen, darauf verteilen.
2. **Backen:** ca. 15 Min. in der oberen Hälfte des auf 180 Grad vorgeheizten Ofens. Ofenguck herausnehmen, mit einem Löffel 4 Vertiefungen in den Lauch drücken. Eier nacheinander in eine Tasse aufschlagen, sorgfältig in die Vertiefungen gleiten lassen, würzen, ca. 10 Min. fertig backen.

Portion: 417 kcal, E 14 g, Kh 40 g, F 21 g

*** Menge für beide Tage**

1. TAG

STRUBELPETER-GSCHWELLTI

Vor- und zubereiten: ca. 40 Min.

* 2 kg **1 kg fest kochende Kartoffeln,** mit der Schale
Wasser, siedend

1 EL Olivenöl
460 g Délicorn-Gehacktes
1 roter Peperoncino, entkernt, in Ringen
1 TL Mehl
2 dl Gemüsebouillon
1 dl Aceto balsamico
Salz, Pfeffer, nach Bedarf

100 g Rucola, evtl. grobe Stiele entfernt

1. Kartoffeln offen im Wasser ca. 25 Min. kochen, abtropfen.
2. Öl in einer beschichteten Bratpfanne heiss werden lassen. Gehacktes und Peperoncino ca. 2 Min. anbraten, Hitze reduzieren. Mehl darüberstäuben, mischen. Bouillon und Aceto dazugiessen, ca. 2 Min. köcheln, würzen.
3. Kartoffeln kreuzweise einschneiden, leicht zusammendrücken, auf Teller verteilen. Rucola in die Kartoffeln stecken, Sauce darauf verteilen.

Portion: 376 kcal, E 33 g, Kh 46 g, F 4 g

2. TAG

ÜBERBACKENE RÖSTI

Bratbutter zum Braten
1 kg Gschwellti vom Vortag, grob gerieben
1 TL Salz

100 g Rucola
2 Tomaten, in Scheiben
6 Scheiben geräucherter Raclettekäse (ca. 200 g)
wenig Pfeffer

1. Bratbutter in einer beschichteten Bratpfanne heiss werden lassen. Hitze reduzieren, Kartoffeln beigeben, salzen, unter gelegentlichem Wenden ca. 5 Min. anbraten. Rösti mithilfe einer Bratschaufel zu einem Kuchen formen, offen bei mittlerer Hitze ca. 10 Min. weiterbraten.
2. Rösti wenden, Rucola, Tomaten und Käsescheiben darauflegen, ca. 15 Min. fertig braten, würzen.

Portion: 380 kcal, E 18 g, Kh 33 g, F 18 g

* **Menge für beide Tage**

1. TAG

ROTWEINPOLENTA MIT PALMKOHL

Vor- und zubereiten: ca. 50 Min.

* 2 TL	**1 TL Olivenöl**
500 g	**250 g grobkörniger Maisgriess** (Bramata)
1 l	**5 dl Rotwein** (z. B. Merlot)
1,4 l	**7 dl Gemüsebouillon**
	1 EL Olivenöl
	2 Schalotten, in feinen Streifen
	500 g Palmkohl, Federkohl oder Wirz, in ca. 1 cm breiten Streifen
	1 dl Gemüsebouillon
	Salz, Pfeffer, nach Bedarf
60 g	**30 g Sbrinz,** gerieben
40 g	**20 g Butter**

1. Öl in einer grossen Pfanne warm werden lassen. Mais beigeben, ca. 2 Min. dünsten.
2. Die Hälfte des Weins dazugiessen, vollständig einkochen. Restlichen Wein dazugiessen, vollständig einkochen.
3. Bouillon dazugiessen, aufkochen, Hitze reduzieren. Unter häufigem Rühren bei kleinster Hitze ca. 40 Min. zu einem dickflüssigen Brei köcheln, zugedeckt beiseite stellen.
4. Öl warm werden lassen, Schalotten und Kohl ca. 3 Min. andämpfen. Bouillon dazugiessen, zugedeckt ca. 10 Min. köcheln, würzen.
5. Käse und Butter unter die Polenta rühren, mit dem Kohl anrichten.

Portion: 378 kcal, E 14 g, Kh 50 g, F 12 g

2. TAG

POLENTAGRATIN

1 kg Polenta vom Vortag
1 dl Milch
150 g Halbhartkäse (z. B. Taleggio), in Stücken

2 EL glattblättrige Petersilie, fein geschnitten

1. Polenta und Milch mischen, in einer gefetteten ofenfesten Form (ca. 2 Liter) verteilen. Käse darüberstreuen.
2. **Backen:** ca. 30 Min. in der Mitte des auf 180 Grad vorgeheizten Ofens. Petersilie darüberstreuen.

Dazu passt: Blattsalat.

Portion: 431 kcal, E 16 g, Kh 48 g, F 19 g

* **Menge für beide Tage**

1. TAG

GRÜNE KNÖPFLI MIT ZWIEBELGEMÜSE

Vor- und zubereiten: ca. 45 Min.
Quellen lassen: ca. 30 Min.

*600g	**300g Knöpfli-Mehl**
1½ TL	**¾ TL Salz**
200g	**100g Sauerampfer oder Petersilie**
6	**3 frische Eier**
8 EL	**4 EL Wasser**
	Salzwasser, siedend
	2 EL Butter
	2 Zwiebeln, in Ringen
	1 Knoblauchzehe, in Scheibchen

1. Mehl und Salz in einer Schüssel mischen, in der Mitte eine Mulde eindrücken. Sauerampfer mit den Eiern und dem Wasser pürieren, unter Rühren in die Mulde giessen, mit einer Kelle mischen und so lange klopfen, bis der Teig glänzt und Blasen wirft. Zugedeckt bei Raumtemperatur ca. 30 Min. quellen lassen.
2. Ofen auf 60 Grad vorheizen, Platte und Teller vorwärmen.
3. Teig portionenweise durchs Knöpflisieb ins leicht siedende Salzwasser streichen. Knöpfli ziehen lassen, bis sie an die Oberfläche steigen, mit einer Schaumkelle herausnehmen, abtropfen, warm stellen.
4. Butter in einer Bratpfanne warm werden lassen. Zwiebeln und Knoblauch ca. 10 Min. dämpfen, mit den Knöpfli anrichten.

Portion: 386 kcal, E 16 g, Kh 56 g, F 11 g

2. TAG

KNÖPFLI MIT ZWETSCHGENKOMPOTT

- **500g Zwetschgen,** in Schnitzen
- **2 EL Zucker**
- **1 roter Chili,** entkernt, fein gehackt

- **Bratbutter** zum Braten
- **600g grüne Knöpfli** vom Vortag
- **60g geriebener Sbrinz**

1. Zwetschgen, Zucker und Chili in einer Pfanne mischen, zugedeckt ca. 10 Min. köcheln, auskühlen.
2. Wenig Bratbutter in einer beschichteten Bratpfanne heiss werden lassen. Knöpfli kurz anbraten, mit Kompott und Käse servieren.

Portion: 483 kcal, E 20 g, Kh 69 g, F 13 g

* **Menge für beide Tage**

1. TAG MAH-MEE

Vor- und zubereiten: ca. 35 Min.

* für beide Tage		
* 500 g	250 g	**Teigwaren** (z. B. chinesische Nüdeli)
		Salzwasser, siedend
2 EL	1 EL	**Erdnussöl**
6	3	**Bundzwiebeln mit dem Grün,** in Ringen
4	2	**Knoblauchzehen,** in Scheibchen
je 2	je 1	**gelbe und rote Peperoni,** in Würfeli
2	1	**kleiner Chinakohl** (ca. 300 g), in Streifen
2 dl	1 dl	**Gemüsebouillon**
6 EL	3 EL	**Sojasauce**
2 TL	1 TL	**Curry**
1 TL	½ TL	**Salz**
2 TL	1 TL	**Sambal Oelek**

1. Teigwaren im Salzwasser al dente kochen, abtropfen.
2. Öl im Wok oder in einer weiten beschichteten Bratpfanne heiss werden lassen. Bundzwiebeln und alle Zutaten bis und mit Chinakohl ca. 5 Min. rührbraten.
3. Bouillon dazugiessen, ca. 2 Min. kochen. Sojasauce und alle restlichen Zutaten mit den Nudeln beigeben, mischen.

Portion: 311 kcal, E 12 g, Kh 53 g, F 6 g

2. TAG NUDELAUFLAUF

- **1,2 kg Mah-Mee** vom Vortag
- **3 dl Milch**
- **2 dl Halbrahm**
- **4 Eier**
- **2 EL glattblättrige Petersilie,** fein geschnitten
- **½ TL Salz**

1. Mah-Mee in einer gefetteten ofenfesten Form (ca. 3 Liter) verteilen. Milch und alle restlichen Zutaten verrühren, darübergiessen.
2. **Backen:** ca. 40 Min. in der Mitte des auf 180 Grad vorgeheizten Ofens.

Portion: 568 kcal, E 21 g, Kh 58 g, F 28 g

*** Menge für beide Tage**

1. TAG

CAPUNS

Vor- und zubereiten: ca. 1 Std.
Quellen lassen: ca. 30 Min.
Ergibt 24 Stück

* 375 g	**250 g Mehl**
¾ TL	**½ TL Salz**
2¼ dl	**1½ dl Milch**
3	**2 frische Eier**
¾ EL	**½ EL Butter**
1	**1 Zwiebel,** fein gehackt
75 g	**50 g Haselnüsse,** grob gehackt
3 EL	**2 EL Petersilie,** fein geschnitten
36	**24 grosse Mangold- oder Lattichblätter,** Blattrippen flach geschnitten
	Wasser, siedend
1½ l	**1 l Gemüsebouillon**
	25 g Butter
	50 g Sbrinz, grob gerieben

1. Mehl, Salz, Milch und Eier in einer Schüssel mit einer Kelle mischen und so lange klopfen, bis der Teig glänzt und Blasen wirft. Zugedeckt bei Raumtemperatur ca. 30 Min. quellen lassen.
2. Butter in einer Pfanne warm werden lassen. Zwiebel andämpfen. Nüsse und Petersilie kurz mitdämpfen, unter den Teig mischen.
3. Mangold portionenweise je ca. 1 Min. blanchieren, herausnehmen, kurz in kaltes Wasser legen, abtropfen, auf einem Tuch auslegen, trocken tupfen. Füllung auf die Blätter verteilen, seitliche Blattränder einschlagen, aufrollen.
4. Ofen auf 60 Grad vorheizen, Platte und Teller vorwärmen.
5. Bouillon in einer weiten Pfanne aufkochen, Hitze reduzieren. 12 Capuns beigeben, zugedeckt ca. 8 Min. köcheln, herausnehmen, warm stellen. Restliche Capuns gleich zubereiten.
6. Butter in einer Pfanne warm werden lassen, bis die Butter schäumt und leicht nussig riecht. Capuns auf Teller verteilen, Käse darüberstreuen, Butter darüberträufeln.

Portion: 520 kcal, E 21 g, Kh 54 g, F 24 g

2. TAG

SHERRYSUPPE MIT CAPUNS

- **1 l Bouillon** vom Vortag
- **3 EL trockener Sherry**
- **12 gekochte Capuns** vom Vortag
- **1 dl Halbrahm,** kalt
- **2 EL Schnittlauch,** fein geschnitten

1. Bouillon aufkochen, Sherry beigeben. Capuns in Scheiben schneiden, beigeben, nur noch heiss werden lassen, anrichten.
2. Rahm flaumig schlagen, mit dem Schnittlauch auf der Suppe verteilen.

Portion: 299 kcal, E 10 g, Kh 29 g, F 15 g

*** Menge für beide Tage**

1. TAG

KÜRBIS-PILAW MIT KORIANDERPESTO

Vor- und zubereiten: ca. 45 Min.

* 2 EL	1 EL	**Olivenöl**
2	1	**Zwiebel,** fein gehackt
1 kg	500 g	**Kürbis** (z. B. Muscade), in ca. 1 cm grossen Würfeln
700 g	350 g	**Langkornreis** (z. B. Parboiled)
1½ l	8 dl	**Gemüsebouillon,** heiss
		Salz, Pfeffer, nach Bedarf

3 EL	**Koriander,** grob geschnitten
2	**Knoblauchzehen,** in Scheibchen
3 EL	**Kürbiskerne,** geröstet
1	**Bio-Zitrone,** abgeriebene Schale und 1 EL Saft
½ TL	**Salz, wenig Pfeffer**
50 g	**Sbrinz,** gerieben
1 dl	**Olivenöl**

1. Öl in einer Pfanne warm werden lassen. Zwiebel und Kürbis andämpfen. Reis beigeben, unter Rühren dünsten, bis er glasig ist. Bouillon dazugiessen, aufkochen, Hitze reduzieren. Reis zugedeckt bei kleiner Hitze ca. 20 Min. köcheln, würzen.
2. **Korianderpesto:** Koriander mit allen Zutaten bis und mit Pfeffer pürieren. Käse daruntermischen, Öl nach und nach darunterrühren, mit dem Kürbis-Pilaw anrichten.

Portion: 677 kcal, E 14 g, Kh 77 g, F 34 g

2. TAG

APPENZELLER REIS IM GLAS

1 kg	**Kürbis-Pilaw** vom Vortag
150 g	**rezenter Appenzeller,** grob gerieben
3 EL	**Kürbiskerne,** grob gehackt

1. Kürbis-Pilaw und Käse mischen, je ca. 2 Esslöffel davon in 8 ofenfeste Gläser oder Förmchen von je ca. 1½ dl füllen. Kürbiskerne darauf verteilen.
2. **Backen:** ca. 20 Min. in der Mitte des auf 200 Grad vorgeheizten Ofens.

   Dazu passt: restliches Pesto vom Vortag, Blattsalat.

Portion: 491 kcal, E 22 g, Kh 76 g, F 10 g

* **Menge für beide Tage**

1. TAG TOMATENSUPPE MIT GRIESSNOCKEN

Vor- und zubereiten: ca. 45 Min.

	½ EL **Olivenöl**
	1 **Zwiebel,** fein gehackt
	1 **Knoblauchzehe,** in Scheibchen
	3 EL **Tomatenpüree**
	750 g **Tomaten** (z. B. Ramato), in Stücken
	2 Prisen **Zucker**
	7 dl **Gemüsebouillon**
* 7½ dl	2½ dl **Milch**
60 g	20 g **Butter**
wenig	wenig **Muskat**
¾ TL	¼ TL **Salz, wenig Pfeffer**
180 g	60 g **Hartweizengriess**
3 EL	2 EL **Borretsch oder Estragon,** fein geschnitten
	2 **Eigelbe**
	2 EL **geriebener Sbrinz**
	Salz, Pfeffer, nach Bedarf

1. Öl in einer Pfanne warm werden lassen. Zwiebel, Knoblauch und Tomatenpüree andämpfen. Tomaten und Zucker beigeben, ca. 2 Min. mitdämpfen. Bouillon dazugiessen, aufkochen, Hitze reduzieren, zugedeckt bei kleiner Hitze ca. 20 Min. köcheln. Suppe pürieren, durch ein Sieb zurück in die Pfanne streichen.
2. Milch mit allen Zutaten bis und mit Pfeffer aufkochen. Griess einrühren, aufkochen, Hitze reduzieren, unter gelegentlichem Rühren ca. 5 Min. köcheln, etwas abkühlen. Borretsch unter den Griessbrei mischen.
3. Eigelbe und Käse darunterrühren, auskühlen. Suppe aufkochen, Hitze reduzieren. Mit zwei Esslöffeln Masse zu ca. 16 Nocken formen, beigeben, knapp unter dem Siedepunkt ca. 5 Min. ziehen lassen, würzen.

Tipp: Suppe mit 1 Esslöffel Gin verfeinern.

Portion: 258 kcal, E 10 g, Kh 24 g, F 14 g

2. TAG RHABARBER-GRIESSAUFLAUF

½ dl **Milch**
600 g **Griessbrei** vom Vortag
500 g **Rhabarber,** in Scheibchen
100 g **Rohzucker**
Butterflöckli

1. Milch unter den Griess mischen, in einer gefetteten ofenfesten Form (ca. 2 Liter) verteilen. Rhabarber und Zucker mischen, mit den Butterflöckli darauf verteilen.
2. **Backen:** ca. 25 Min. in der Mitte des auf 180 Grad vorgeheizten Ofens. Lauwarm servieren.

Dazu passt: Vanillesauce.

Portion: 375 kcal, E 9 g, Kh 53 g, F 14 g

* **Menge für beide Tage**

1. TAG

FRITTATA MIT ERBSLI

Vor- und zubereiten: ca. 40 Min.

*	
	Öl zum Braten
* 750 g	**500 g Gschwellti** (fest kochende Sorte) vom Vortag, geschält, in ca. 1 cm grossen Würfeln
3	**3 Bundzwiebeln mit dem Grün,** in Ringen
300 g	**200 g tiefgekühlte Erbsli,** angetaut
1 EL	**½ EL Rosmarin,** fein geschnitten
9	**6 frische Eier**
6 EL	**4 EL Milch**
2 TL	**1¼ TL Salz, wenig Pfeffer**

1. Wenig Öl in einer beschichteten Bratpfanne (ca. 28 cm Ø) heiss werden lassen. Kartoffeln ca. 5 Min. braten. Bundzwiebeln, Erbsli und Rosmarin beigeben, kurz mitbraten, Hitze reduzieren.
2. Eier mit Milch verklopfen, würzen, in die Pfanne giessen. Zugedeckt bei kleiner Hitze ca. 15 Min. fest, aber nicht trocken werden lassen. Einen flachen Teller auf die Pfanne legen, Frittata auf den Teller stürzen. Wenig Öl in die Pfanne geben, Frittata zurück in die Pfanne gleiten lassen, offen ca. 5 Min. fertig backen.

Dazu passt: Blattsalat.

Portion: 274 kcal, E 15 g, Kh 25 g, F 12 g

2. TAG

FRITTATA-SANDWICHES

- **2 Baguettes** (je ca. 500 g)
- **600 g Frittata** vom Vortag
- **einige Salatblätter** (z. B. roter Kopfsalat)

- **150 g Rahmquark**
- **1 EL Ketchup**
- **2 EL Sweet Chili Sauce**

1. Baguettes halbieren, längs aufschneiden. Frittata in ca. 2 cm breite Streifen schneiden, mit den Salatblättern auf den Baguette-Böden verteilen.
2. Quark, Ketchup und Sweet Chili Sauce verrühren. Sauce auf der Frittata verteilen, Deckel darauflegen.

Portion: 577 kcal, E 23 g, Kh 91 g, F 13 g

*** Menge für beide Tage**

1. TAG BUNTE ORECCHIETTE

Vor- und zubereiten: ca. 40 Min.
Backen: ca. 25 Min.

* 2 kg	1 kg	**verschiedenfarbige Peperoni,** halbiert, entkernt
4	2	**Knoblauchzehen,** in Scheibchen
8 EL	4 EL	**Olivenöl**
2 TL	1 TL	**Salz, wenig Pfeffer**
	500 g	**Teigwaren** (z. B. Orecchiette)
		Salzwasser, siedend
	einige	**Basilikumblätter,** zerzupft
		Parmesan, gerieben, nach Belieben

1. Peperoni auf ein mit Backpapier belegtes Blech legen.
2. **Backen:** ca. 20 Min. in der Mitte des auf 250 Grad vorgeheizten Ofens. Herausnehmen, Peperoni mit einem feuchten Tuch zugedeckt ca. 10 Min. stehen lassen. Peperoni schälen, in Stücke schneiden.
3. Knoblauch, Öl, Salz und Pfeffer daruntermischen.
4. Teigwaren im Salzwasser al dente kochen, abtropfen, zurück in die Pfanne geben. Basilikum mit den Peperoni daruntermischen. Käse dazu servieren.

Portion: 615 kcal, E 19 g, Kh 99 g, F 16 g

2. TAG PEPERONISUPPE MIT KARTOFFELSPIESSLI

600 g	**fest kochende Kartoffeln,** in Schnitzen
2 EL	**Olivenöl**
¾ TL	**Salz, wenig Pfeffer**
8	**Holzspiesschen**
800 g	**geschälte Peperoni** vom Vortag, kalt
4 dl	**fettfreie Gemüsebouillon,** kalt

1. Kartoffeln, Öl, Salz und Pfeffer mischen. Kartoffelschnitze auf die Holzspiesschen stecken, auf ein mit Backpapier belegtes Blech legen.
2. **Backen:** ca. 30 Min. in der Mitte des auf 200 Grad vorgeheizten Ofens.
3. Peperoni mit der Bouillon pürieren, Kartoffelspiessli dazu servieren.

Portion: 263 kcal, E 5 g, Kh 29 g, F 13 g

* **Menge für beide Tage**

1. TAG

POLENTIZZA

Vor- und zubereiten: ca. 1 Std.
Backen: ca. 30 Min.
Für ein Backblech von ca. 30 cm Ø, Boden mit Backpapier belegt

*		
* 2 l	1¼ l	**Wasser**
1½ EL	¾ EL	**Salz**
10	5	**Zweiglein Thymian**
500 g	250 g	**grobkörniger Maisgriess** (Bramata)
50 g	25 g	**Butter**
20 g	10 g	**geriebener Sbrinz**
	3	**Tomaten,** in Scheiben
	¼ TL	**Salz, wenig Pfeffer**
	1	**Dose Artischockenherzen** (ca. 390 g), abgetropft, in Vierteln
	einige	**entsteinte schwarze Oliven**
	150 g	**Mozzarella,** in Scheiben
	einige	**Majoranblättchen**

1. Wasser mit Salz und Thymian aufkochen. Mais einrühren, Hitze reduzieren, unter häufigem Rühren bei kleinster Hitze ca. 40 Min. zu einem dicken Brei köcheln. Butter und Käse darunterrühren. Polenta im vorbereiteten Blech verteilen.
2. Tomaten darauflegen, würzen. Artischocken, Oliven und Mozzarella darauf verteilen.
3. **Backen:** ca. 30 Min. in der Mitte des auf 180 Grad vorgeheizten Ofens. Herausnehmen, Majoranblättchen darüberstreuen.

Portion: 421 kcal, E 16 g, Kh 51 g, F 16 g

2. TAG

POLENTASTÄBCHEN MIT TOMATEN

1,2 kg	**Polenta** vom Vortag
wenig	**Bratbutter**
3	**Bundzwiebeln mit dem Grün,** in Ringen
500 g	**Cherry-Tomaten,** halbiert
½ TL	**Salz, wenig Pfeffer**
2 EL	**Gin**
1 dl	**Vollrahm**

1. Ofen auf 60 Grad vorheizen, Platte und Teller vorwärmen.
2. Polenta in ca. 2 cm breite Stangen schneiden. Wenig Bratbutter in einer beschichteten Bratpfanne heiss werden lassen. Hitze reduzieren, Polenta portionenweise rundum je ca. 6 Min. braten, warm stellen.
3. Bundzwiebeln und Tomaten andämpfen, würzen. Gin und Rahm dazugiessen, aufkochen, mit den Polentastäbchen anrichten.

Portion: 413 kcal, E 8 g, Kh 53 g, F 16 g

*** Menge für beide Tage**

1. TAG

GEMÜSE-COUSCOUS

Vor- und zubereiten: ca. 30 Min.

*	
* 1 EL	**½ EL Olivenöl**
1 kg	**500 g Rüebli,** grob gerieben
600 g	**300 g Kohlrabi,** in ca. 1 cm grossen Würfeln
3 TL	**1½ TL Salz, wenig Pfeffer**
8 dl	**4 dl Wasser**
6 EL	**4 EL Zitronensaft**
3 EL	**2 EL Pfefferminze,** fein geschnitten
2	**1 Briefchen Safran**
500 g	**250 g Couscous**
	360 g Joghurt nature
	3 EL Pfefferminze, in Streifen
	½ TL Salz, wenig Pfeffer

1. Öl in einer Pfanne warm werden lassen. Rüebli und Kohlrabi ca. 5 Min. andämpfen, würzen. Wasser und alle Zutaten bis und mit Safran beigeben, aufkochen, zugedeckt ca. 5 Min. kochen. Pfanne von der Platte nehmen.
2. Couscous beigeben, mit einer Gabel mischen, zugedeckt ca. 5 Min. quellen lassen.
3. **Joghurtsauce:** Joghurt und Pfefferminze mischen, würzen, zum Couscous servieren.

Tipp: Statt Pfefferminze Zitronenmelisse verwenden.

Portion: 352 kcal, E 14 g, Kh 62 g, F 6 g

2. TAG

TABOULÉ

5 EL Olivenöl
3 Bund glattblättrige Petersilie, grob geschnitten
50 g Pinienkerne, geröstet
1 Bio-Zitrone, abgeriebene Schale und ganzer Saft
½ TL Salz, wenig Pfeffer
1,2 kg Couscous vom Vortag

Öl und alle Zutaten bis und mit Pfeffer in einer Schüssel verrühren, Couscous daruntermischen.

Portion: 517 kcal, E 15 g, Kh 60 g, F 23 g

*** Menge für beide Tage**

1. TAG

GEWÜRZHIRSE MIT SPARGELRAGOUT

Vor- und zubereiten: ca. 40 Min.

* Menge für beide Tage		
* 1 EL	½ EL	**Rapsöl**
2	1	**Zwiebel,** fein gehackt
300 g	150 g	**Hirse**
1,2 l	6 dl	**Gemüsebouillon**
2	1	**Sternanis**
2	1	**Lorbeerblatt**
1	½	**Zimtstange**
2	1	**Kardamomkapsel,** gequetscht
		Salz, Pfeffer, nach Bedarf
	1 kg	**grüne Spargeln,** unteres Drittel geschält
	4 EL	**Rapsöl**
	2 EL	**Aceto balsamico**
	½ TL	**Salz, wenig Pfeffer**

1. Öl in einer Pfanne warm werden lassen. Zwiebel und Hirse beigeben, unter Rühren dünsten. Bouillon und alle Zutaten bis und mit Kardamom beigeben, aufkochen. Hitze reduzieren, zugedeckt unter gelegentlichem Rühren ca. 15 Min. köcheln. Gewürze entfernen, Hirse würzen.
2. Spargeln schräg in ca. 2 cm dicke Scheiben schneiden. Wenig Öl in einer Bratpfanne heiss werden lassen. Spargeln ca. 8 Min. rührbraten. Restliches Öl und Aceto beigeben, würzen, mit der Hirse anrichten.

Portion: 325 kcal, E 9 g, Kh 36 g, F 16 g

2. TAG

HIRSE-SPARGEL-WÄHE

- 1 **ausgewallter Kuchenteig** (ca. 32 cm Ø)
- 700 g **Hirse** vom Vortag

- 500 g **grüne Spargeln,** unteres Drittel geschält
- 2 **Eier**
- 2 dl **Saucen-Halbrahm**
- 1 dl **Gemüsebouillon**
- je 2 EL **glattblättrige Petersilie und Koriander,** fein geschnitten
- **wenig Pfeffer**

1. Teig mit dem Backpapier in ein Blech (ca. 30 cm Ø) legen. Teigboden dicht einstechen, Hirse darauf verteilen.
2. Spargeln schräg in feine Scheiben schneiden, darauf verteilen. Eier und alle restlichen Zutaten verrühren, über die Spargeln giessen.
3. **Backen:** ca. 35 Min. auf der untersten Rille des auf 220 Grad vorgeheizten Ofens.

Portion: 602 kcal, E 15 g, Kh 61 g, F 33 g

*** Menge für beide Tage**

1. TAG

PENNE MIT ZUCCHINIPESTO

Vor- und zubereiten: ca. 40 Min.

*		
* 2 EL	1 EL	**Olivenöl**
2	1	**Schalotte,** grob gehackt
4	2	**Knoblauchzehen,** in Scheibchen
400 g	200 g	**Zucchini,** in Stücken
3 Bund	2 Bund	**Basilikum**
1½ TL	¾ TL	**Salz, wenig Pfeffer**
100 g	50 g	**Sbrinz,** gerieben
1 dl	½ dl	**Olivenöl**
	500 g	**Teigwaren** (z. B. Penne)
		Salzwasser, siedend
	50 g	**Mandelstifte,** geröstet
		Sbrinz, gerieben, nach Belieben

1. **Zucchinipesto:** Öl in einer Pfanne warm werden lassen. Schalotte, Knoblauch und Zucchini ca. 5 Min. dämpfen, etwas abkühlen, in ein Mixglas geben.
2. Basilikum, Salz und Pfeffer beigeben, pürieren. Sbrinz daruntermischen, Öl nach und nach darunterrühren.
3. Teigwaren im Salzwasser al dente kochen, abtropfen, mit dem Pesto mischen, Mandelstifte darüberstreuen. Käse dazu servieren.

Portion: 723 kcal, E 25 g, Kh 90 g, F 29 g

2. TAG

EIEROMELETTE MIT RUCOLA

1 dl Milch
8 frische Eier
wenig Muskat
¼ TL Salz, wenig Pfeffer
300 g Zucchinipesto vom Vortag

wenig Butter

1 EL Aceto balsamico bianco
100 g Rucola, evtl. grobe Stiele entfernt

1. Milch und Eier verklopfen, würzen. 2 Esslöffel Pesto beiseite stellen, restliches Pesto unter die Eimasse mischen.
2. Wenig Butter in einer beschichteten Bratpfanne warm werden lassen. Ein Viertel der Eimasse hineingiessen, bei kleiner Hitze ca. 3 Min. am Rand fest werden lassen. Masse ringsum etwas gegen die Mitte schieben, ca. 5 Min. backen, bis die Masse fest ist. Omelette einmal falten, warm stellen, mit der restlichen Eimasse gleich verfahren.
3. Beiseite gestelltes Pesto, Aceto und Rucola mischen, zu den Omeletten servieren.

Portion: 389 kcal, E 18 g, Kh 5 g, F 32 g

*** Menge für beide Tage**

SÜSSES FINALE

NACH ALL DIESEN GENÜSSEN FEHLT NUR NOCH DER KRÖNENDE ABSCHLUSS. ET VOILÀ: KÖSTLICHE VERFÜHRUNGEN, DENEN MAN EINFACH NICHT WIDERSTEHEN KANN. ENDLICH KÖNNEN AUCH VEGETARIER QUARKTORTE, MOUSSE UND PANNA COTTA VON HERZEN GENIESSEN, UND ALLE ANDERN WERDEN ES AUCH.

PANNA COTTA MIT EIERLIKÖR

Vor- und zubereiten: ca. 15 Min.
Kühl stellen: ca. 2 Std.
Für 4 Förmchen von je ca. 1½ dl, kalt ausgespült

5 dl Halbrahm
3 EL Zucker
2 EL Eierlikör
¾ TL Agar-Agar (Morga)
1 Vanillestängel, längs aufgeschnitten, Samen ausgekratzt

500 g Walderdbeeren
2 EL Puderzucker
1 EL Pfefferminze, fein geschnitten

1. Rahm mit allen Zutaten bis und mit Vanille in einer Pfanne mit dem Schwingbesen verrühren. Unter ständigem Rühren aufkochen und bei mittlerer Hitze ca. 2 Min. kochen. Vanillestängel entfernen, Flüssigkeit in die vorbereiteten Förmchen füllen, auskühlen, zugedeckt im Kühlschrank ca. 2 Std. fest werden lassen.
2. Erdbeeren, Puderzucker und Pfefferminze mischen, ca. 15 Min. ziehen lassen.
3. Panna cotta mit einer Messerspitze sorgfältig vom Förmchenrand lösen. Förmchen kurz in heisses Wasser tauchen, Panna cotta auf Teller stürzen, mit den Walderdbeeren anrichten.

Tipp: Statt Walderdbeeren gemischte Beeren verwenden.

Lässt sich vorbereiten: Die Panna cotta lässt sich ca. 1 Tag im Voraus zubereiten, zugedeckt im Kühlschrank aufbewahren.

Portion: 452 kcal, E 4 g, Kh 27 g, F 36 g

Agar-Agar

Agar-Agar ist im Gegensatz zu Gelatine ein pflanzliches Produkt. Es muss immer ca. 2 Min. in einer Flüssigkeit gekocht werden, um gelierfähig zu sein. Deshalb eignet es sich speziell zum Gelieren von heissen Flüssigkeiten. Denn Agar-Agar geliert beim Abkühlen schnell und lässt sich nur schlecht mit kalten Massen mischen. Die Gelierkraft der im Handel erhältlichen Produkte variiert, daher geben wir das verwendete Produkt in den Rezepten an.

CHARLOTTE RUSSE MIT RHABARBER

Vor- und zubereiten: ca. 45 Min.
Kühl stellen: ca. 4 Std.
Für 4 Förmchen von je ca. 1½ dl, kalt ausgespült

2 dl Milch
120 g Zucker
2 frische Eigelbe
½ Vanillestängel, längs aufgeschnitten, Samen ausgekratzt
1 Prise Salz

½ dl Wasser
1 EL Zucker
1¼ TL Agar-Agar (Morga)
150 g Rhabarber, in Würfeli

1½ dl Vollrahm

150 g Löffelbiskuits, halbiert

1. Milch und alle Zutaten bis und mit Salz mit dem Schwingbesen verrühren, unter Rühren bei mittlerer Hitze bis vors Kochen bringen. Pfanne sofort von der Platte nehmen, kurz weiterrühren.
2. Wasser, Zucker und Agar-Agar gut verrühren, Rhabarber beigeben, unter Rühren aufkochen, ca. 2 Min. kochen. Pfanne von der Platte nehmen, Vanillemilch durch ein Sieb dazugiessen, gut verrühren. Klarsichtfolie direkt auf die Creme legen, auskühlen, glatt rühren.
3. Rahm steif schlagen, ⅓ zugedeckt kühl stellen, restlichen Schlagrahm sorgfältig unter die Creme ziehen, in die vorbereiteten Förmchen füllen. Zugedeckt im Kühlschrank ca. 4 Std. fest werden lassen.
4. Flans mit einer Messerspitze sorgfältig vom Förmchenrand lösen. Förmchen kurz in heisses Wasser tauchen, Flans auf Teller stürzen, ringsum mit wenig Schlagrahm bestreichen, mit Löffelbiskuits und restlichem Schlagrahm verzieren.

Portion: 474 kcal, E 8 g, Kh 66 g, F 20 g

SEIDENTOFUCREME MIT BEEREN

Vor- und zubereiten: ca. 15 Min.
Kühl stellen: ca. 1 Std.
Für 4 Gläser von je ca. 1½ dl

250 g Seidentofu
3 EL Puderzucker
2 EL Holunderblütensirup

1 dl Vollrahm

200 g Beeren (z. B. Erdbeeren, Blaubeeren)
1 EL Holunderblütensirup

1. Tofu, Puderzucker und Sirup mit den Schwingbesen des Handrührgeräts verrühren, ca. 2 Min. weiterrühren.
2. Rahm knapp steif schlagen, sorgfältig unter die Masse ziehen. Creme in die Gläser verteilen, zugedeckt ca. 1 Std. kühl stellen.
3. Beeren und Sirup mischen, zugedeckt ca. 10 Min. ziehen lassen, auf der Creme verteilen.

Portion: 204 kcal, E 5 g, Kh 21 g, F 11 g

AUFGEWECKTE APRIKOSEN

Vor- und zubereiten: ca. 30 Min.
Backen: ca. 25 Min.
Für 4 ofenfeste Gläser oder Förmchen von je ca. 1½ dl

- **1 kg Aprikosen,** in Vierteln
- **80 g Zucker**
- **1 TL Zimt**
- **4 Zweiglein Rosmarin**
- **2 Zimtstangen,** halbiert

1. Aprikosen, Zucker und Zimt mischen, in die Gläser verteilen. Rosmarin und Zimt in die Aprikosen stecken.
2. **Backen:** ca. 25 Min. in der Mitte des auf 180 Grad vorgeheizten Ofens.

Dazu passt: Glace, Weichkäse.

Tipp: Statt Aprikosen Zwetschgen (auch tiefgekühlte, etwas angetaut) verwenden.

Portion: 179 kcal, E 2 g, Kh 43 g, F 0 g

GEBRANNTE CREME

Vor- und zubereiten: ca. 20 Min.
Kühl stellen: ca. 2 Std.

4 EL Zucker
1½ EL Wasser

2½ dl Milch

2 dl Milch
1 frisches Ei
3 EL Maizena
2 EL Zucker

2 dl Halbrahm, kalt

1. Zucker und Wasser in einer weiten Pfanne ohne Rühren aufkochen. Hitze reduzieren, unter gelegentlichem Hin-und-her-Bewegen der Pfanne köcheln, bis ein haselnussbrauner Caramel entsteht. Pfanne von der Platte nehmen, etwas abkühlen.
2. Milch dazugiessen, bei kleiner Hitze weiterköcheln, bis sich der Caramel aufgelöst hat.
3. Milch, Ei, Maizena und Zucker mit dem Schwingbesen verrühren, dazugiessen, unter ständigem Rühren bei mittlerer Hitze bis zum Kochen bringen. Creme durch ein Sieb in eine Schüssel giessen. Klarsichtfolie direkt auf die Creme legen, auskühlen, ca. 2 Std. kühl stellen. Creme glatt rühren.
4. Rahm flaumig schlagen, unter die Creme ziehen.

Dazu passt: Caramel-Popcorn.

Portion: 327 kcal, E 6 g, Kh 32 g, F 20 g

CARAMEL-POPCORN

Vor- und zubereiten: ca. 10 Min.

80 g Zucker
1½ EL Wasser
¼ TL Zitronensaft

30 g gesalzenes Popcorn

1. Zucker, Wasser und Zitronensaft in einer weiten Pfanne ohne Rühren aufkochen. Hitze reduzieren, unter gelegentlichem Hin-und-her-Bewegen der Pfanne köcheln, bis ein haselnussbrauner Caramel entsteht. Pfanne von der Platte nehmen.
2. Popcorn beigeben, mischen, auf einem Backpapier verteilen, auskühlen.

Passt zu: gebrannter Creme, Fruchtsalat.

Portion: 114 kcal, E 1 g, Kh 24 g, F 2 g

ERDBEERQUARKTORTE

Vor- und zubereiten: ca. 40 Min.
Backen: ca. 25 Min.
Ziehen lassen: ca. 30 Min.
Kühl stellen: ca. 3 Std.
Für eine Springform von ca. 24 cm Ø, Boden mit Backpapier belegt, Rand gefettet

90 g Zucker
3 Eier
1 Prise Salz
1 Bio-Zitrone, wenig abgeriebene Schale

90 g Mehl

250 g Erdbeeren, in Würfeli
2 EL Puderzucker
1½ EL Zitronensaft
1½ EL Orangenlikör (z. B. Cointreau), nach Belieben

750 g Magerquark
2½ dl Vollrahm
1 dl Wasser
2 Päckli Vanillecremepulver zum Kaltanrühren (je ca. 75 g, z. B. Crème Express)

250 g Erdbeeren, in Scheibchen

1. **Biskuitteig:** Zucker, Eier, Salz und Zitronenschale in einer Schüssel mit den Schwingbesen des Handrührgeräts ca. 5 Min. rühren, bis die Masse schaumig ist.
2. Mehl mit dem Gummischaber sorgfältig daruntermischen. Teig in die vorbereitete Form füllen.
3. **Backen:** ca. 25 Min. in der unteren Hälfte des auf 180 Grad vorgeheizten Ofens. Biskuit herausnehmen, etwas abkühlen, Formenrand entfernen, Biskuit auf ein Gitter stürzen, Boden und Backpapier entfernen, auskühlen. Formenrand mit wenig Öl bestreichen, mit Klarsichtfolie überziehen, auf eine Platte stellen. Biskuit hineinlegen.
4. Erdbeeren und alle Zutaten bis und mit Likör mischen, ca. 30 Min. ziehen lassen, auf dem Biskuit verteilen.
5. Quark, Rahm und Wasser verrühren, Cremepulver mit den Schwingbesen des Handrührgeräts darunterrühren, ca. 1 Min. auf höchster Stufe rühren. Masse auf den Erdbeeren verteilen, glatt streichen, zugedeckt im Kühlschrank ca. 3 Std. fest werden lassen.
6. Springformrand entfernen, Torte mit den Erdbeeren verzieren.

Stück (1/12): 256 kcal, E 10 g, Kh 33 g, F 9 g

ROTE GRÜTZE

Vor- und zubereiten: ca. 25 Min.
Kühl stellen: ca. 2 Std.
Ergibt ca. 6 dl

2½ dl Rotwein (z. B. Merlot)
1 Bio-Zitrone, nur dünn abgeschälte Schale
1 Vanillestängel, längs aufgeschnitten
500 g Kirschen, entsteint
500 g Himbeeren
100 g Zucker

3 EL Maizena
1 dl Wasser
2 EL Kirsch

1 dl Halbrahm, kalt

1. Wein mit Zitronenschale und Vanillestängel aufkochen. Kirschen und Himbeeren beigeben, zugedeckt bei mittlerer Hitze ca. 5 Min. weich kochen. Früchte mit der Kochflüssigkeit durch ein Sieb giessen, Saft auffangen (ergibt ca. 5 dl) und in die Pfanne zurückgiessen, Zucker darunterrühren. Früchte beiseite stellen (siehe Tipp).
2. Maizena mit dem Wasser anrühren, unter Rühren mit dem Schwingbesen zum Saft geben, aufkochen. Hitze reduzieren, ca. 2 Min. köcheln, bis die Flüssigkeit leicht gebunden ist. Grütze auskühlen. Kirsch darunterrühren, Grütze in Schälchen giessen, zugedeckt ca. 2 Std. kühl stellen.
3. Rahm flaumig schlagen, auf der Grütze verteilen.

Tipp: Gekochte Früchte als Kompott verwenden oder ein Joghurt nature damit verfeinern.

Portion: 287 kcal, E 1 g, Kh 50 g, F 7 g

ZIEGENFRISCHKÄSE-PARFAIT

Vor- und zubereiten: ca. 25 Min.
Gefrieren: ca. 4 Std.
Für eine Cakeform von ca. 20 cm, mit wenig Öl bestrichen, mit Klarsichtfolie ausgelegt

75 g Ziegenfrischkäse (z. B. Chavroux)
1 frisches Eigelb
2 EL Zucker
1 Vanillestängel, längs aufgeschnitten, nur ausgekratzte Samen

1 dl Vollrahm, steif geschlagen

1 frisches Eiweiss
1 Prise Salz
1 EL Zucker

3 EL flüssiger Honig
1½ EL Zitronensaft
1 EL Wasser
250 g Himbeeren

1. Frischkäse und alle Zutaten bis und mit Vanillesamen in einer Schüssel gut verrühren.
2. Die Hälfte des Schlagrahms beigeben, mit dem Schwingbesen unter die Masse rühren, Rest mit dem Gummischaber sorgfältig darunterziehen.
3. Eiweiss mit dem Salz steif schlagen. Zucker beigeben, weiterschlagen, bis der Eischnee glänzt. Eischnee mit dem Gummischaber sorgfältig unter die Masse ziehen, in die vorbereitete Form füllen. Zugedeckt ca. 4 Std. gefrieren.
4. Honig, Zitronensaft und Wasser verrühren. Himbeeren beigeben, mischen. Parfait aus dem Tiefkühler nehmen, auf ein Brett stürzen, Folie entfernen. Parfait in Würfel schneiden, mit den Himbeeren anrichten.

Portion: 279 kcal, E 6 g, Kh 29 g, F 16 g

Honig zum Süssen

Honig hat im Vergleich zu Zucker auf 100 g ca. 100 kcal weniger. Aber das Spannende am Honig ist sein spezielles Aroma, das er zusätzlich zur Süsse besitzt. Flüssiger Blüten- und Akazienhonig sind relativ dezent im Geschmack, während Waldhonig herb-intensiv schmeckt. In Desserts kann er schnell zu aufdringlich schmecken, daher ist ein heller Blütenhonig meist geeigneter.

QUARKCREME MIT GRAPEFRUITS

Vor- und zubereiten: ca. 40 Min.
Kühl stellen: ca. 1 Std.

1	**Grapefruit,** heiss abgespült, trocken getupft
1 dl	**Wasser**
120 g	**Zucker**
250 g	**Magerquark**
2 EL	**beiseite gestellter Grapefruitsirup**
1 EL	**flüssiger Honig**
½	**Vanillestängel,** längs aufgeschnitten, nur ausgekratzte Samen
2 dl	**Vollrahm**

1. Von der Grapefruit Boden und Deckel grosszügig abschneiden. Grapefruit mit der Schale halbieren, in ca. 4 mm dicke Scheiben schneiden, evtl. Kerne herauslösen.
2. Wasser mit dem Zucker aufkochen. Hitze reduzieren, bei mittlerer Hitze ca. 10 Min. sirupartig einkochen. Grapefruit beigeben, ca. 10 Min. kochen, Grapefruit im Sirup auskühlen. 2 EL Sirup für die Creme beiseite stellen.
3. **Quarkcreme:** Quark und alle Zutaten bis und mit Vanillesamen verrühren. Rahm knapp steif schlagen, sorgfältig darunterziehen, zugedeckt ca. 1 Std kühl stellen. Creme glatt rühren, in Schälchen verteilen, Grapefruit mit wenig Sirup darauf verteilen.

Portion: 376 kcal, E 9 g, Kh 47 g, F 18 g

HIMBEER-LOLLIPOPS

Vor- und zubereiten: ca. 35 Min.
Ergibt 16 Stück

---

200 g Cake (z. B. Zitronencake), fein gehackt

100 g Doppelrahm-Frischkäse (z. B. Philadelphia)

1 EL Himbeergeist, nach Belieben

16 Himbeeren

---

1 Beutel dunkle oder weisse Kuchenglasur (ca. 125 g), geschmolzen

16 Holzspiesschen

---

1. Cake, Frischkäse und Himbeergeist zu einer kompakten Masse mischen, diese in 16 Portionen teilen. Je eine Portion etwas flach drücken, eine Himbeere darauflegen, mit Masse umschliessen, mit den Händen zu Kugeln formen.

2. Kuchenglasur in eine kleine Schüssel geben. Kugeln mithilfe einer Gabel in die Glasur tauchen, auf einem Backpapier trocknen lassen. Spiesschen ca. 3 cm tief in die Glasur tauchen, in die Kugeln stecken.

Stück: 119 kcal, E 1 g, Kh 9 g, F 8 g

SCHOKOLADE-MUFFINS

Vor- und zubereiten: ca. 25 Min.
Backen: ca. 25 Min.
Für ein Muffins-Blech mit 12 Vertiefungen von je ca. 7 cm Ø, mit Papierförmchen ausgelegt

200 g Mehl
170 g Zucker
130 g gemahlene Mandeln
3 EL Kakaopulver
2½ TL Backpulver
1 Päckli Vanillezucker
1 Prise Salz

2½ dl Wasser
5 EL Rapsöl
100 g dunkle Schokolade, grob gehackt

1. Mehl und alle Zutaten bis und mit Salz in einer Schüssel mischen.
2. Wasser und Öl dazugiessen, mischen, Schokolade daruntermischen, im vorbereiteten Blech verteilen.
3. **Backen:** ca. 25 Min. in der Mitte des auf 180 Grad vorgeheizten Ofens. Muffins herausnehmen, auf einem Gitter auskühlen.

Haltbarkeit: in Folie eingepackt im Kühlschrank ca. 3 Tage. Muffins schmecken am zweiten Tag am besten.

Stück: 270 kcal, E 6 g, Kh 32 g, F 14 g

Hefe als Aromageber

Die Idee für dieses Rezept entstand bei einem Feierabendbier, dessen feiner Hefegeschmack dazu inspirierte, dieses Aroma auch einmal in einem Dessert einzusetzen. Die Tüftelküche setzte die Idee in die Tat um und war ganz begeistert von dieser Kombination: die Süsse der Orange, die Säure und Cremigkeit des sauren Halbrahms, dazu die herb-frische Note der Hefe – ein Hochgenuss!

HEFE-ORANGENGLACE

Vor- und zubereiten: ca. 25 Min.
Gefrieren: ca. 5 Std.

2 dl Milch
180 g Zucker

1 frisches Ei
2 frische Eigelbe
1 Bio-Orange, abgeriebene Schale und 1 dl Saft
¼ Würfel Hefe (ca. 10 g), zerbröckelt

200 g saurer Halbrahm
2 frische Eiweisse

1. Milch mit dem Zucker unter Rühren aufkochen, Pfanne von der Platte nehmen.
2. Ei und alle Zutaten bis und mit Hefe in einer Schüssel gut verrühren, weiterrühren, bis die Masse heller ist. Heisse Milch unter Rühren dazugiessen, in die Pfanne zurückgiessen, unter ständigem Rühren bei mittlerer Hitze bis vors Kochen bringen. Creme durch ein Sieb in eine weite Chromstahlschüssel giessen, auskühlen.
3. Sauren Halbrahm und Eiweisse beigeben, mit dem Schwingbesen gut mischen, ca. 4 Std. gefrieren, dabei 3-mal durchrühren. Glace herausnehmen, mit den Schwingbesen des Handrührgeräts geschmeidig rühren, nochmals ca. 1 Std. gefrieren. Aus der Glace Kugeln formen, sofort servieren.

Lässt sich vorbereiten: Glace ca. 1 Woche im Voraus zubereiten. Ca. 15 Min. vor dem Servieren in den Kühlschrank stellen.

Portion: 390 kcal, E 9 g, Kh 52 g, F 16 g

BROMBEERTARTE

Vor- und zubereiten: ca. 25 Min.
Kühl stellen: ca. 30 Min.
Backen: ca. 20 Min.
Für das Backblech «della Nonna» oder für eine Springform von ca. 24 cm Ø, gefettet

200 g Mehl
80 g Zucker
1 Prise Salz
120 g Butter, in Stücken, kalt
1 Ei, verklopft
1 EL Zucker

400 g Brombeeren
1 EL Zucker
1 TL Vanillezucker

1. **Mürbeteig:** Mehl, Zucker und Salz in einer Schüssel mischen. Butter beigeben, von Hand zu einer gleichmässig krümeligen Masse verreiben. Ei beigeben, rasch zu einem weichen Teig zusammenfügen, nicht kneten. Teig flach drücken, zugedeckt ca. 30 Min. kühl stellen.
2. Teig auf wenig Mehl etwas grösser als die Form auswallen, in die vorbereitete Form legen. Teigboden mit einer Gabel dicht einstechen, Zucker darauf verteilen.
3. **Backen:** ca. 20 Min. in der Mitte des auf 200 Grad vorgeheizten Ofens. Tarte herausnehmen, etwas abkühlen, aus der Form nehmen.
4. Brombeeren, Zucker und Vanillezucker mischen, auf dem Kuchenboden verteilen.

Tipp: Statt Brombeeren Himbeeren verwenden.

Portion (⅛): 274 kcal, E 4 g, Kh 35 g, F 13 g

APFEL-BASTILLA

Vor- und zubereiten: ca. 20 Min.
Backen: ca. 20 Min.
Für ein Backblech von ca. 30 cm Ø,
Boden mit Backpapier belegt

600 g	**Äpfel** (z. B. Braeburn), in Vierteln
3 EL	**Rohzucker**
3 EL	**dunkle Sultaninen**
2 EL	**Rum**
1 Päckli	**Vanillezucker**
¼ TL	**Zimt**
1 Päckli	**Strudelteig** (ca. 120 g)
50 g	**Butter,** flüssig, etwas abgekühlt
3 EL	**gemahlene Haselnüsse**
1 EL	**Rohzucker**

1. Apfelschnitze quer in feine Scheiben (ca. 2½ mm) in eine Schüssel hobeln. Zucker und alle Zutaten bis und mit Zimt beigeben, mischen.
2. Teigblätter auseinanderfalten, ein Teigblatt ins Blech legen, mit wenig Butter bestreichen. Zwei Teigblätter sich leicht überlappend nebeneinander darauflegen (kleines Bild), mit wenig Butter bestreichen. Nüsse auf dem Teigboden verteilen, Füllung darauf verteilen, vorstehende Teigränder locker über die Füllung legen. Mit dem letzten Teigblatt bedecken, überstehende Teigränder nach innen legen, mit der restlichen Butter bestreichen. Zucker darüberstreuen.
3. **Backen:** ca. 20 Min. in der unteren Hälfte des auf 200 Grad vorgeheizten Ofens.

   Dazu passt: Vanillesauce, Vanilleglace.

Stück (⅛): 193 kcal, E 2 g, Kh 26 g, F 9 g

Bastilla formen

Ein Teigblatt ins Blech legen, mit wenig Butter bestreichen. Zwei Teigblätter sich leicht überlappend nebeneinander auf das Teigblatt legen, sodass sie über das Blech hinausreichen.

MANGOMOUSSE

Vor- und zubereiten: ca. 20 Min.
Kühl stellen: ca. 3 Std.
Für 6 Personen

1	**Mango** (ca. 500 g), in Stücken (ergibt ca. 350 g)
60 g	**Zucker**
25 g	**Unigel** oder Confi-Vite*
1 dl	**Wasser**
1 EL	**Limettensaft**
3 dl	**Vollrahm**
1	**Mango,** in Schnitzen

1. Mango mit allen Zutaten bis und mit Limettensaft pürieren, in eine Pfanne geben, unter Rühren aufkochen, ca. 5 Min. kochen. Mangomasse in eine Schüssel giessen, auskühlen, glatt rühren.
2. Rahm steif schlagen, ⅓ davon mit dem Schwingbesen unter die Mangomasse rühren. Rest mit dem Gummischaber sorgfältig darunterziehen, zugedeckt im Kühlschrank ca. 3 Std. fest werden lassen.
3. Mousse mit einem heiss abgespülten Esslöffel abstechen, auf Tellern anrichten, mit Mangoschnitzen verzieren.

Portion: 275 kcal, E 2 g, Kh 28 g, F 18 g

* Unigel und Confi-Vite sind Geliermittel aus Apfelpektin, erhältlich in grösseren Coop Supermärkten.

Gelieren ohne Gelatine

Da sich Agar-Agar nicht zum Einrühren in kalte Massen eignet, Vegetarier aber auch ein Mousse geniessen möchten, suchten wir nach einer Alternative und fanden sie in Unigel und Confi-Vite. Diese Geliermittel aus Apfelpektin eignen sich nicht nur zum Haltbarmachen von Früchten (Gelees, Konfitüren), sondern auch für diese luftige Mangomousse.

MERINGUIERTER PFIRSICHKUCHEN

Vor- und zubereiten: ca. 30 Min.
Backen: ca. 1 Std.
Für eine Springform von ca. 24 cm Ø, Boden mit Backpapier belegt, Rand gefettet

---

250 g Butter, weich
250 g Zucker
1 Prise Salz
1 Bio-Zitrone, nur abgeriebene Schale
3 frische Eier
2 frische Eigelbe

---

250 g Mehl
70 g gemahlene Mandeln
2 Pfirsiche, in Stücken (ergibt ca. 350 g)

---

2 frische Eiweisse
1 Prise Salz
50 g Zucker

---

1. **Rührteig:** Butter und alle Zutaten bis und mit Zitronenschale mit den Schwingbesen des Handrührgeräts verrühren. Ein Ei nach dem anderen darunterrühren, Eigelbe beigeben, weiterrühren, bis die Masse heller ist.
2. Mehl, Mandeln und Pfirsichstücke mischen, unter die Masse mischen, Teig in die vorbereitete Form füllen.
3. **Backen:** ca. 50 Min. in der unteren Hälfte des auf 180 Grad vorgeheizten Ofens. Herausnehmen, Hitze auf 200 Grad erhöhen. Kuchen auf einem Gitter etwas abkühlen, Formenrand entfernen.
4. Eiweisse mit dem Salz steif schlagen. Zucker nach und nach beigeben, weiterschlagen, bis der Eischnee glänzt. Meringuage auf der Torte verteilen.
5. **Fertig backen:** ca. 5 Min. in der Mitte des Ofens. Kuchen herausnehmen, etwas abkühlen, auf ein Gitter schieben, auskühlen.

Hinweis: Mit reifen Pfirsichen wird der Kuchen sehr feucht.

Haltbarkeit: in Folie eingepackt im Kühlschrank ca. 2 Tage.

Portion (1/12): 400 kcal, E 7 g, Kh 43 g, F 22 g

MOHN-CHEESECAKE

Vor- und zubereiten: ca. 30 Min.
Backen/Trocknen: ca. 2¾ Std.
Für eine Springform von ca. 18 cm Ø, Boden mit Backpapier belegt, Rand gefettet

1 Päckli	**Butterguetzli** (z. B. Sablés, ca. 110 g)
40 g	**Mohn** (siehe Hinweis)
50 g	**Butter,** flüssig, abgekühlt
1 EL	**Bitterorangen-Konfitüre**
400 g	**Doppelrahm-Frischkäse** (z. B. Philadelphia)
4 EL	**Bitterorangenkonfitüre**
3 EL	**Orangensaft**
3	**Eier**
100 g	**Zucker**
2 EL	**Mehl**

1. Guetzli und Mohn im Cutter oder Mörser mahlen, Butter daruntermischen. Die Hälfte der Masse auf dem vorbereiteten Formenboden verteilen, gut andrücken. Restliche Masse dem Rand entlang verteilen, mit einem Löffelrücken am Formenrand ca. 4 cm hochziehen, gut andrücken. Boden mit der Konfitüre bestreichen, kühl stellen.
2. Frischkäse, Konfitüre und Orangensaft mit dem Schwingbesen verrühren. Eier, Zucker, und Mehl darunterrühren, Masse auf dem Guetzliboden verteilen.
3. **Backen:** ca. 1¾ Std. in der unteren Hälfte des auf 160 Grad vorgeheizten Ofens. Anschliessend im ausgeschalteten Ofen ca. 1 Std. etwas abkühlen, dabei die Ofentür mit einem Kellenstiel einen Spaltbreit offen halten. Cheesecake herausnehmen, Formenrand entfernen, auf einem Gitter auskühlen.

Hinweise: Mohn vor dem Mahlen ca. 1 Std. tiefkühlen, sonst entwickelt er ein unangenehmes Aroma. Der Cheesecake fällt beim Abkühlen im Ofen etwas zusammen.

Lässt sich vorbereiten: Cheesecake ca. 2 Tage im Voraus zubereiten, zugedeckt im Kühlschrank aufbewahren.

Stück (⅛): 424 kcal, E 8 g, Kh 37 g, F 27 g

BROWNIES

Vor- und zubereiten: ca. 25 Min.
Backen: ca. 45 Min.
Für eine Springform von ca. 26 cm Ø, gefettet, kühl gestellt
Ergibt ca. 25 Stück

100 g Butter
400 g dunkle Schokolade, grob gehackt

4 Eier
200 g Zucker
1 Päckli Vanillezucker
½ TL Backpulver
2 Prisen Salz

200 g Baumnusskerne, grob gehackt
150 g Mehl

1. Butter und Schokolade unter Rühren in einer Pfanne bei kleiner Hitze schmelzen, etwas abkühlen.
2. Eier und alle Zutaten bis und mit Salz in eine Schüssel geben, rühren, bis die Masse heller ist, Schokolade darunterrühren.
3. Nüsse und Mehl daruntermischen, Teig in der vorbereiteten Form verteilen.
4. **Backen:** ca. 45 Min. in der unteren Hälfte des auf 180 Grad vorgeheizten Ofens. Die Brownies müssen innen noch leicht feucht sein. Nur etwas abkühlen, Formenrand entfernen, Brownies noch warm in Würfel schneiden, auf einem Gitter auskühlen.

   Haltbarkeit: gut eingepackt im Kühlschrank ca. 1 Woche. Oder Brownies tiefkühlen, Haltbarkeit: ca. 2 Monate. Zum Servieren Brownies antauen, so schmecken sie am besten.

Stück: 235 kcal, E 4 g, Kh 22 g, F 15 g

KLEINE WARENKUNDE

WISSENSWERTES RUND UM GETREIDE, HÜLSENFRÜCHTE UND FLEISCHERSATZPRODUKTE. WOBEI DIESER BEGRIFF EIGENTLICH GAR NICHT RICHTIG IST. TOFU UND CO. SIND NICHT EINFACH NUR ERSATZ, SONDERN IN IHRER VIELFALT EINE INTERESSANTE UND SEHR SCHMACKHAFTE ERGÄNZUNG UNSERES MENÜPLANS.

GETREIDE UND GETREIDEÄHNLICHE PRODUKTE

Bei einer gesunden, ausgewogenen Ernährung spielen Kohlenhydrate eine wichtige Rolle: Sie sättigen lange und sind wichtig für die Leistungsfähigkeit von Körper und Geist. Aus diesem Grund sollte jede Mahlzeit Kohlenhydrate enthalten. Neben Kartoffeln und Teigwaren sorgen Getreide und getreideähnliche Produkte für viel Abwechslung sowie für körperliche und geistige Fitness.

Quinoa
(ausgesprochen Kinwa) ist ein getreideähnliches Korn und gehört zu den Gänsefussgewächsen. Ursprünglich stammt es aus Südamerika. Quinoa ist glutenfrei und zeichnet sich durch sein wertvolles Eiweiss, aber auch durch viel Kalzium, Magnesium, Eisen, Zink und verschiedene B-Vitamine und Vitamin E aus.
Verwendung: wie Reis, pikant oder süss.

Amarant
ist eine getreideähnliche Pflanze, die botanisch zur Familie der Fuchsschwanzgewächse gehört und in Mittel- und Südamerika beheimatet ist. Die winzigen Körnchen des Amarants sind glutenfrei und enthalten wertvolles Eiweiss und viel Kalzium, Eisen, Zink, Magnesium sowie B-Vitamine.
Verwendung: wie Reis. Amaranth-Poppkorn für Müesli und als Suppeneinlage.

Grünkern
ist unreif geernteter, gedarrter, über Buchenholzfeuer getrockneter Dinkel. Dinkel ist eine alte, bei uns heimische Weizenart und enthält viel Eiweiss, Vitamine A, E und B, Eisen, Magnesium und Phosphor.
Verwendung: ganze gekochte Körner für Aufläufe und Eintöpfe. Schrot für Müesli und Tätschli.

Couscous
ist gemahlener Griess aus Weizen, der mit Wasser besprengt, zu kleinen Kügelchen geformt, gedämpft und anschliessend getrocknet wird. Ursprünglich wurden die Kügelchen aufwändig von Hand gerollt, gesiebt, wieder mit Wasser besprengt, gerollt, bis alle Kügelchen gleich gross waren. In Nordafrika wird Couscous heute noch häufig so hergestellt.
Verwendung: als Beilage, Salat, Füllung.

Vollreis (rot und schwarz)
ist von der Deckspelze befreit, besitzt jedoch noch den Keimling und das Silberhäutchen, daher ist er reich an Vitaminen und Mineralstoffen. Schwarzer Vollreis (Riso Venere) ist eine noch junge Sorte mit tiefschwarzer Schale, die beim Kochen Farbe abgibt. Camargue-Reis aus Südfrankreich zeichnet sich durch seine rote Farbe aus. Beide Sorten bleiben beim Kochen körnig und locker.
Verwendung: als Beilage, Salat, in Suppen und Eintöpfen.

Maisgriess
Je nach dem Ausmahlgrad spricht man in der Schweiz von Polenta (fein) oder von Bramata (grob). Mais enthält viel Eiweiss, Kalzium, Kalium, Phosphor, Eisen und Vitamine A, B und C. Er ist glutenfrei.
Verwendung: für Polenta, Maisschnitten und -taler, auch für Gebäck und Desserts.

HÜLSENFRÜCHTE – TEIL 1

Sie gehören zur Familie der Schmetterlingsblütler und verfügen über reichlich Vitamin B1 und B6, Magnesium, Zink und Eisen. Der Fettanteil aller Hülsenfrüchte ist mit Ausnahme der Sojabohne sehr gering. Entgegen der verbreiteten Meinung sind Hülsenfrüchte sehr kalorienarm: 100 g gekochte Hülsenfrüchte enthalten durchschnittlich lediglich 120 Kalorien.

Linsen
werden ohne Sortennamen nach Grösse sortiert verkauft. Kleine Linsen schmecken wegen ihres proportional höheren Schalenanteils aromatischer. Denn in der Schale sitzen die für den typischen Geschmack ausschlaggebenden Aromastoffe. Die ungeschälten braunen und grünen Linsen sind bei uns wohl am bekanntesten. Die grüne Puy-Linse ist mit 4–5 mm eher klein, jedoch qualitativ besonders hochwertig. Auch sehr delikat sind die schwarzen Beluga-Linsen, die ihren Namen wegen ihrer Ähnlichkeit mit dem Beluga-Kaviar erhalten haben. Rote Linsen werden meist geschält angeboten, sie zerfallen nach dem Schälen in zwei Hälften und verkochen schnell. Alle Linsen zählen zu den eiweiss- und nahrungsfaserreichsten pflanzlichen Nahrungsmitteln. Linsen müssen nicht eingeweicht werden, ohne Salzzugabe weich köcheln.
Verwendung: in Suppen, Salaten und Eintöpfen (siehe Hinweis S. 300).
Ideale Kombinationen: Linsen mit Getreide, Mais, Eiern oder Milchprodukten.

Bohnen
Es gibt einige hundert Sorten. Für getrocknete Bohnen werden die Hülsen entfernt und nur die Bohnenkerne genannten Samen verwendet. Bohnenkerne gibt es in fast allen Farben, in weiss, gelb, rot, grün, braun, schwarz und gesprenkelt. Auch in der Grösse variieren sie stark: von der winzigen Mungbohne bis hin zur kapitalen Soisson-Bohne. Alle Bohnen sind sehr eiweiss- und nahrungsfaserreich, allen voran die Sojabohne mit etwa 30 Prozent Eiweissanteil. Getrocknete Bohnen müssen vor Verwendung über Nacht eingeweicht werden. Vor dem Kochen Bohnen gut abtropfen und mit frischem Wasser aufsetzen, ohne Salzzugabe weich köcheln.
Verwendung: in Suppen, Salaten und Eintöpfen (siehe Hinweis S. 300).
Ideale Kombinationen: Bohnen mit Getreide, Mais, Eiern oder Milchprodukten.

HÜLSENFRÜCHTE – TEIL 2

Vegetarier sollten darauf achten, dass ihr Eiweissbedarf gedeckt ist. Die meisten pflanzlichen Eiweissquellen enthalten jedoch nicht alle essenziellen Aminosäuren; das einzige pflanzliche Lebensmittel mit einer kompletten Aminosäurenzusammensetzung ist Soja. Deshalb sollten Bohnen, Linsen, Kichererbsen und Erbsen immer mit Getreide, Milchprodukten oder Eiern kombiniert werden, da diese Kombination die Eiweisswertigkeit erhöht.

Erbsen
Heute werden über 200 Sorten angebaut, weisse, gelbe, grüne, rote und marmorierte. Erbsli werden unreif geerntet, Trockenerbsen dagegen reifen in der Hülse. Da ihre Samenschalen unverdaulich sind, werden sie oft geschält und poliert. Dabei zerfallen einige Erbsen und gelangen als Splitt- oder Spalterbsen in den Verkauf. Erbsen gehören zu den eiweissreichsten pflanzlichen Lebensmitteln. Sie enthalten wenig Fett, dafür reichlich Nahrungsfasern, Mineralstoffe und Vitamine. Trockenerbsen über Nacht einweichen, abtropfen und mit frischem Wasser aufsetzen, ohne Salzzugabe weich köcheln.
Verwendung: in Suppen, Salaten, Eintöpfen, indischen Currys (siehe Hinweis rechts).
Ideale Kombinationen: Erbsen mit Getreide (z. B. Reis), Eiern oder Milchprodukten.

Kichererbsen
Sie bilden eine eigene Gattung und sind nicht mit den Erbsen verwandt. Kichererbsen werden ungeschält und geschält angeboten. Mit ihrem zart-nussigen Aroma mögen sie auch Leute, die noch wenig vertraut sind mit Hülsenfrüchten. Kichererbsen vor Verwendung über Nacht einweichen, gut abtropfen und mit frischem Wasser aufsetzen, ohne Salzzugabe weich köcheln. Wenn es schnell gehen muss, sind Kichererbsen aus der Dose ein guter Ersatz, sie müssen vor Verwendung kalt abgespült und abgetropft werden. 100 g getrocknete Kichererbsen entsprechen einer Dose von 400 g (Abtropfgewicht ca. 250 g).
Verwendung: als Püree (Hummus), in Suppen, Eintöpfen, Salaten, Currys, Falafel (siehe Hinweis).
Ideale Kombinationen: Kichererbsen mit Getreide (z. B. Brot) oder Milchprodukten.

Hinweis: Hülsenfrüchte nie roh essen. Sie enthalten Lectine (giftige Eiweisse), die zu schweren Magen-Darm-Störungen führen können. Da Lectine durch Hitze zerstört werden und ihre Wirkung verlieren, sollte man alle Hülsenfrüchte vor dem Verzehr mindestens 15 Minuten bei 100 Grad kochen. Auch Sprossen von Hülsenfrüchten (Linsen-, Erbsen-, Kicherbsen-, Adzukibohnensprossen) immer kurz blanchieren.

FLEISCHERSATZPRODUKTE

Fleisch lässt sich problemlos durch pflanzliche Eiweisslieferanten ersetzen. Damit auch fleischhaltige Lieblingsgerichte wie Zürcher Geschnetzeltes oder Gehacktes mit Hörnli vegetarisch zubereitet werden können, gibt es heute im Handel fast für jedes Bedürfnis ein entsprechendes Angebot, sogar Würstchen, Schnitzel oder Burger fürs Grillfest. Die Produkte von Délicorn werden aus Weizen oder Soja hergestellt. Als Bindemittel werden bei einigen Produkten Eiweiss von Eiern aus Freilandhaltung, Käse oder Milcheiweiss eingesetzt.

Schnitzel
Schnitzel gibt es in vielen Varianten: nature, paniert, als Cordon bleu, mit Pfeffer und Zitrone, gefüllt mit Käse und Spinat u. a. m. Passt zu: Kartoffelstock, Gratins und Gemüse.

Geschnetzeltes
Das Geschnetzelte ist grilliert und hat einen feinen Röstgeschmack. Es eignet sich für Gratins, Saucengerichte (z. B. Zürcher Geschnetzeltes, Riz Casimir), Wok-Gerichte und Eintöpfe.

Gehacktes
Eignet sich für alle Saucengerichte anstelle von Hackfleisch (z. B. Sauce Bolognese, Hörnli und Gehacktes, Geschmortes in Rot- oder Weissweinsauce, Gratins).

Yasoya-Gemüse
Yasoya basiert auf Soja und enthält Gemüse. Die gewürzte Rolle kann in Scheiben oder Würfel geschnitten werden und eignet sich zum Braten oder Mitköcheln in Saucen, für Gratins, Eintöpfe und Pastagerichte.

Bratwurst
Auch für den vegetarischen Grillplausch bietet Délicorn etwas: die vorgrillierte Bratwurst. Sie lässt sich auf dem Grill fertig zubereiten oder in Scheiben geschnitten in einer feinen Sauce aufwärmen. Auch für Gratins, Eintöpfe und in Teigwarengerichten.

TOFU-VARIANTEN

Es wäre schade, Tofu nur auf seine Rolle als pflanzlicher Fleischersatz zu reduzieren. Denn längst nicht alle, die vegetarisch geniessen, möchten Fleisch ersetzen, sondern vielmehr eigenständige, feine Rezepte ohne Fleisch. Da, wo Tofu traditionell verankert ist – vor allem in China und Japan –, darf er selbstbewusst die Hauptrolle in vielen Gerichten spielen. Und durch die verschiedenen Texturen oder Möglichkeiten des Aromatisierens – von pikant bis süss – ist Tofu wirklich ein Tausendsassa, der bei uns durchaus mehr Beachtung verdient.

Tofu
Basis für die Herstellung von Tofu ist die Sojabohne. Durch Gerinnung entstehen Flüssigkeit und der Sojabohnenteig, ähnlich wie bei der Käseherstellung. Der Sojabohnenteig oder -quark enthält noch viel Feuchtigkeit. Je nach gewünschter Konsistenz muss Tofu abgetropft (leicht feste Konsistenz) oder zusätzlich noch ausgedrückt werden (robuste, schnittfeste Konsistenz). Tofu enthält viel Eiweiss, kaum Kohlenhydrate und wenig Fett.

Seidentofu
Der puddingähnliche Seidentofu wird nicht abgetropft und enthält noch viel Feuchtigkeit, daher lässt er sich nicht mit Stäbchen essen. Oft wird er in Würfel geschnitten und in Suppen oder auf Salaten serviert. Sehr beliebt ist Seidentofu in Japan auch als gekühlte Vorspeise mit Ponzu, einer Sauce aus Limettensaft und Sojasauce. Seidentofu lässt sich auch zu zartcremigen Desserts verarbeiten.

Gewürzter Tofu
Der Sojabohnenteig lässt sich vielfältig würzen und aromatisieren. Diese Art Tofu ist vor allem im Westen beliebt. Im Handel finden sich viele Varianten, zum Beispiel Tofu mit Kräutern.

Frittierter, eingelegter und geräucherter Tofu
In Asien wird Tofu häufig auch frittiert angeboten oder eingelegt, ähnlich wie bei uns Frischkäse, um ihn zu marinieren. Geräucherter Tofu ist eher eine Spezialität des Westens, deshalb ist diese Version von Tofu eine schmackhafte Variante, die mit vielen europäischen Gerichten sehr gut harmoniert.

ALPHABETISCHES VERZEICHNIS

I/J

K

L

M

S

T

U

V

Alle Rezepte in diesem Buch sind, wo nicht anders vermerkt, für 4 Personen berechnet.

Massangaben
Alle in den Rezepten angegebenen Löffelmasse entsprechen dem Betty Bossi Messlöffel.

Nährwertberechnung
Wenn für Bratbutter oder Öl zum portionenweisen Anbraten in den Zutaten keine Menge angegeben ist, gehen wir von ½ Esslöffel pro Portion aus. Die Angabe dient zur Berechnung der Nährwerte. Ist bei einer Zutat eine Alternative erwähnt, zum Beispiel Weisswein oder Bouillon, so wird immer die erstgenannte Zutat berechnet.
Nur wenn Alkohol in einem Rezept vollständig eingekocht wird, enthält er keine Kalorien mehr. Wird er zur Hälfte eingekocht, enthält er die Hälfte an Kalorien, ansonsten wird er voll berechnet.

Ofentemperaturen
Gelten für das Backen und Braten mit Ober- und Unterhitze. Beim Backen und Braten mit Heissluft verringert sich die Back- bzw. Brattemperatur um ca. 20 Grad. Beachten Sie die Hinweise des Backofenherstellers.

Quellennachweis
Das im Buch abgebildete Geschirr und Besteck sowie die Dekorationen stammen aus Privatbesitz.

KUCHEN, CAKES UND TORTEN

93 neue und bewährte, einfache und anspruchsvolle, ausgefallene und traditionelle, alles wohlerprobte und für gut befundene Rezepte. Viele nützliche Tipps für sicheres Gelingen und hübsches Dekorieren.

> Art. 20024.998

KNUSPRIGES BROT UND KÖSTLICHE BROTGERICHTE

Rezepte für Brot zum Selberbacken, vom Vollkornbrot bis zum Zopf. Praktische Hinweise und Informationen zu den Grundzutaten. Dazu eine Fülle von Rezepten für feine Brotgerichte: neue, leichte Kreationen und Klassiker aus Grossmutters Küche.

> Art. 20900.998

DAS NEUE GUETZLIBUCH

Klassische Weihnachtsguetzli mit neuen Kreationen und die feinsten Schoggiguetzli zum Verwöhnen. Köstliche Guetzli, schnell gemacht, und eine Auswahl der besten Vollkornguetzli. Dazu Ideen für hübsche Verpackungen.

> Art. 20902.998

DAS ANDERE GRILLIERBUCH

Milde und pikante Marinaden, Geflügel, Fisch oder Fleisch, feines Gemüse, aromatische Früchte und raffinierte Beilagen. Rezepte für den Grill, aber auch für Backofen oder Grillpfanne. Dazu Tipps und Tricks rund um Feuer und Glut.

> Art. 20904.998

FEINE SAUCEN UND PASSENDE GERICHTE

Helle und dunkle Saucen, dazu passende, raffinierte Fleisch-, Geflügel- und Fischgerichte. Klassische Saucen und neue, pfiffige Varianten. Eine Fülle von kalten Saucen für feine Apéro-Häppchen sowie Tipps und Tricks.

> Art. 20910.998

NEUE ALLTAGSREZEPTE

Eine Fülle neuer Rezepte für jeden Tag, ob für die Familie, für zwei Personen oder sogar für unerwartete Gäste. Wir präsentieren schnelle, saisonale, einfache, aber nicht minder pfiffige Gerichte.

> Art. 20922.998

WEIHNACHTSZAUBER

Eine Fülle von Ideen für drinnen und draussen, ob als Tisch-, Platz- oder Raumdekorationen. Sie alle sind schnell gemacht und lassen sich wirkungsvoll präsentieren.

> Art. 20928.998

KOCHVERGNÜGEN FÜR ZWEI

Für den kleinen Haushalt: warme und kalte, leichte und währschafte Gerichte. Pfiffige, unkomplizierte Rezepte für jeden Tag und alle Jahreszeiten. Schnelles für Eilige, dazu verführerische 2-Gang-Menüs für Geniesser.

> Art. 20930.998

GAUMENFREUDEN

Erfolgsrezepte aus der Betty Bossi Kochschule für Geflügel, Fleisch und Fisch mit interessanten Tipps und zahlreichen Informationen zu den Zutaten. Gerichte, deren Zubereitung Spass macht. Das Resultat lässt Geniesser schwelgen!

> Art. 20932.998

GRATINS UND AUFLÄUFE

Köstliches aus dem Ofen, ganz einfach zubereitet. Im Mittelpunkt steht die Vielfalt des Gemüses, kombiniert beispielsweise mit Teigwaren, Kartoffeln, Fleisch oder Fisch. Dazu ein Kapitel mit süssen Überraschungen.

> Art. 20934.998

FESTE FEIERN

Ein Buch voller Ideen für schön gedeckte Tische, wirkungsvolle, unkomplizierte Kleinigkeiten, die jedes Fest noch schöner werden lassen, dazu einige Köstlichkeiten aus der Küche.

> Art. 20936.998

DESSERTS FÜR ALLE

Raffinierte Desserts zum Verlieben! Cremen, Sorbets, Törtchen und vieles mehr! Hier kommen Dessert-Fans ins Schwärmen. Süsses, mal luftig, mal eisig, auch knusprig oder fruchtig frisch. Diese Gaumenfreuden krönen jedes feine Essen.

> Art. 20938.998

ANTIPASTI & PASTA

Für alle Fans der italienischen Küche: die herrlichsten Vorspeisen, viele neue Pasta-Saucen für jede Jahreszeit, Salate, Suppen und Köstlichkeiten aus dem Ofen. Das ist pure italienische Lebensfreude auf dem Teller.

> Art. 20942.998

DIE BELIEBTESTEN REZEPTE

Die Lieblingsrezepte unserer Abonnentinnen und Abonnenten aus der Betty Bossi Zeitung, erstmals in einem Buch veröffentlicht: Fleisch-, Geflügel- und Fischgerichte, Feines mit Gemüse, tolle Desserts und Mitbringsel zum Brillieren.

> Art. 20948.998

DAS NEUE SALATBUCH

Viele neue Rezepte für Salatgenuss rund ums Jahr: raffinierte Vorspeisen, leichte Hauptgerichte und schnelle Beilagen. Dazu 3 Salat-Buffets mit Vorbereitungstipps, über 70 Salatsaucen sowie wertvolle Informationen rund um den Salat.

> Art. 27000.998

AUS 1 PFANNE

Schnelle Alltagsrezepte mit wenigen Zutaten und nur einer Pfanne: Überraschendes mit Spätzli, Rösti, Teigwaren, Fleisch und Poulet. Dazu ein paar neue, unkomplizierte Wok-Gerichte. Unkompliziert geniessen ist so einfach.

> Art. 27002.998

BACKSTUBE

80 neue Rezepte für Cakes, Kuchen, Strudel, Blechkuchen, Wähen und Muffins, mit süssen Früchten und cremigen Füllungen. Das kleine Back-Abc und viele Tipps sichern Ihren Backerfolg und den süssen Genuss.

> Art. 27004.998

REISKÜCHE

Einfach in der Zubereitung, leicht im Genuss: 35 herrliche Risotto-Varianten als Vorspeise, Beilage oder Hauptgericht, dazu kreative Rezepte für Tätschli, Gratins, Salate, 28 raffinierte Beilagen und verführerische Dessertideen.

> Art. 27006.998

NIEDERGAREN – LEICHT GEMACHT

Zarter und saftiger kann Fleisch nicht sein! Die besten Stücke von Rind, Kalb, Schwein, Lamm, Kaninchen, Reh und Geflügel. Dazu 65 neue, raffinierte Saucen, viele Marinaden, Tipps und Tricks unserer Profis.

> Art. 27010.998

CAKE-FESTIVAL

Cakes sind schnell gemacht und schmecken allen. Feines für die Weihnachtszeit, viele neue Rezepte und einige heiss begehrte Klassiker. Besonders raffiniert: pikante Cakes zum Brunch oder Apéro. Dazu originelle Deko-Tipps.

> Art. 27012.998

FEINES MIT GEFLÜGEL

Viele neue, leichte Rezepte mit Poulet, Truthahn, Ente und Strauss. Knuspriges aus dem Ofen, delikat Geschmortes und Sommerliches vom Grill, feine Vorspeisen, einige Klassiker aus fernen Ländern und viele Tipps rund um Geflügel.

> Art. 27016.998

GESUND GENIESSEN

Schlank bleiben oder schlank werden mit unseren feinen Frühstücksideen, mit kalten und warmen Gerichten mit Fleisch, Poulet, Fisch und vegetarisch. Dazu himmlische Desserts und viele Tipps rund um die gesunde Ernährung.

> Art. 27022.998

WUNDERBAR HALTBAR

Selbstgemacht schmeckts am besten: Konfitüren, Gelees, Sirup, Feines in Essig und Öl, Dörrfrüchte, hausgemachte Bouillon – alles ganz natürlich. Dazu viele schnelle Rezepte mit den selbstgemachten Delikatessen und viele Tipps für sicheres Gelingen.

> Art. 27024.998

GSCHNÄTZLETS & GHACKETS

Schnell, gut, günstig: kleine Mahlzeiten, Vorspeisen, Pasta-Saucen, Eintöpfe, Gerichte aus dem Ofen, Gschnätzlets und Ghackets mit feinen Saucen, Hamburger- und Tatar-Variationen. Dazu Tipps und eine Pannenhilfe für Saucen.

> Art. 27026.998

BACKEN IN DER WEIHNACHTSZEIT

Neue Ideen für eine stimmungsvolle Adventszeit: 35 Sorten schnelle, einfache und traditionelle Guetzli, weihnachtliche Gugelhöpfe, Glühwein-Mini-Savarins, Stollen, Lebkuchen, Biberli, Birnenweggen, Grittibenzen und Dreikönigskuchen.

> Art. 27028.998

NEUE GEMÜSEKÜCHE

Bunt, gesund und kreativ: neue, einfache Rezepte mit einheimischem Gemüse, speziell für den Alltag geeignet. Beilagen, leichte Vorspeisen, feine Salate und unkomplizierte Hauptgerichte. Mit cleveren Tipps und einer Saisontabelle.

> Art. 27034.998

WÄHEN, PIZZAS, FLAMMKUCHEN

Super Rezepte und Tipps für schnelle Wähen, süss und pikant, klassisch und überraschend neu. Dazu die besten Rezepte für Pizza, Focaccia und raffinierte Flammkuchen. Sie entscheiden: Teig selber machen oder kaufen.

> Art. 27036.998

SCHNELLE VORSPEISEN, HÄPPCHEN & TAPAS

Feines zum Aperitif, raffinierte Vorspeisen und Salate zum Brillieren, Knuspriges aus dem Ofen und herrliche Tapas. Alle Rezepte sind schnell und einfach, dennoch mit einer Prise Glamour. Dazu viele Tipps rund ums Anrichten und Garnieren.

> Art. 27038.998

FASZINATION CURRY

Würzige Schmorgerichte, herzhafte Kokoscurrys, leichte Gerichte mit Fisch und Meeresfrüchten – dieses Buch bietet eine Vielfalt vom einfachen Bauerncurry bis zur königlichen Köstlichkeit.

> Art. 27040.998

KARTOFFELN

Viele neue Rezepte mit der Wunderknolle, schnell, einfach und dennoch raffiniert: aromatische Hauptgerichte, feine Beilagen, knackige Salate und schnelle Suppen. Dazu wie immer wertvolle Tipps rund um die Kartoffel.

> Art. 27042.998

PLÄTZLI & STEAKS

Suchen Sie Alternativen zum ewigen Schnipo? Voilà: jede Menge Abwechslung und kreative Ideen, dazu viele neue Saucen. Wir haben Plätzli und Steaks gefüllt und umhüllt, aufgespiesst und gerollt. Dazu feine «Plätzli»-Ideen für Vegis.

> Art. 27044.998

SCHWIIZER CHUCHI

320 Seiten!

Traditionsreiche Klassiker, neue, marktfrische Küche mit einheimischen Zutaten. Dazu Klassiker, neu interpretiert: aus denselben Zutaten ist ein neues Gericht entstanden, aber immer noch «ächt schwiizerisch».

> Art. 27046.998

FISCH UND MEERESFRÜCHTE

Gesund, leicht, raffiniert und vielseitig: neue, köstliche Rezepte für Vorspeisen, Suppen, Salate und Hauptgerichte. Dazu einige superschnelle Kreationen sowie Tipps für nachhaltigen Fischgenuss.

> Art. 27050.998

MARKTFRISCHE KÜCHE

Frisch, leicht und überzeugend: saisonale Rezepte, schnell und unkompliziert, mit einheimischen Zutaten. Denn: Das Gute liegt so nah! Verfeinert wird mit frischen Kräutern aus dem Kloster- und Bauerngarten.

> Art. 27052.998

EINFACH ASIATISCH

320 Seiten!

Die beliebtesten Gerichte und Neuentdeckungen aus den beliebtesten asiatischen Ländern: Thailand, Vietnam, China, Japan, Indonesien, Malaysia und Indien. Die Rezepte sind einfach nachzukochen, leicht und gesund.

> Art. 27054.998

FESTTAGE ZUM GENIESSEN

Mit diesen Hitrezepten wird Weihnachten, Silvester und jeder andere Feiertag zum kulinarischen Fest – für alle. Mit der richtigen Rezeptauswahl geniessen auch die Gastgeber in brillanter und entspannter Festtagslaune.

> Art. 27056.998

BRUNCH

Tolle Ideen für Ihren Brunch: kleine Delikatessen im Glas, knuspriges, süsses und pikantes Gebäck. Dazu überraschende Ideen rund um Brot und Ei. Dann das süsse Finale für alle Naschkatzen und Desserttiger.

> Art. 27058.998

GRATINS & ...

Lust auf einen heissen Flirt? Dann aufgepasst: Diese Gratins und Aufläufe verführen Sie nach allen Regeln der Kunst. Die Kapitel: die Schnellen, die Leichten, zum Vorbereiten, die Edlen (für Gäste) und Fixes vom Blech.

> Art. 27060.998

TAKE 4

Die Idee: Mini-Einkauf, schnelle Zubereitung und viel Genuss. Das Resultat: schnelle, einfache Rezepte für Verwöhnmomente. Dazu eine clevere Vorratsliste auch für Haushalte, in denen nicht täglich gekocht wird.

> Art. 27066.998

LUST AUF WURST

Herrliche Gerichte mit Schweizer Würsten in vier Kapiteln: Fingerfood & Vorspeisen, Nostalgiegerichte, regionale Spezialitäten und deftig & wärmend. Dazu natürlich viele Tipps und Tricks rund um die Wurst.

> Art. 27070.998

GESUND & SCHLANK

Mit Genuss essen, satt werden und dabei erst noch gesund abnehmen. Mit den feinen und ausgewogenen Rezepten in diesem Buch zum persönlichen Wohlfühlgewicht. Zusätzliche Unterstützung bietet der hilfreiche Ratgeberteil.

> Art. 27064.998

ECHT ITALIENISCH

Wir laden Sie ein zu einer kulinarischen Italienreise durch alle Regionen unseres südlichen Nachbarlandes. Es gibt neben heiss geliebten Traditionsrezepten auch viel Neues zu entdecken! Mediterrane Küche zum Schwelgen.

> Art. 27068.998

LUSTVOLL VEGETARISCH

Heute kochen namhafte Köche fleischlose Gerichte auf höchstem Niveau – mit grossem Erfolg. Auch privat geniessen immer mehr Leute vegetarisch. Höchste Zeit also für ein umfangreiches Buch voller köstlicher Vegi-Ideen.

> Art. 27072.998

KUCHENDUFT

Viele neue Rezepte für alle Jahreszeiten, jede Gelegenheit und jedes Talent: wunderbare Kuchen, Cakes und Torten. Dazu inspirierende Dekorationsideen und viele Tipps und Tricks, damit Ihre Kunstwerke sicher gelingen.

> Art. 27074.998

Weitere Betty Bossi Vorteile!

Betty Bossi Zeitung

- 10× jährlich
- Zeitung – mit Rezepten, die sicher gelingen!
- Bücher – zum Vorzugs-Preis!
- Spezial-Angebote – clevere Küchenhelfer!

Bestellen Sie mit der nachfolgenden Bestell-Karte oder unter www.bettybossi.ch

Betty Bossi online

- 24 Stunden für Sie da!
- Alle Neuigkeiten auf einen Blick
- Einfache Navigation
- Schnelle Bestellung
- Kostenloser Newsletter
- Noch mehr Rezepte und wertvolle Tipps

www.bettybossi.ch

Betty Bossi Spezial-Angebote

- Von Betty Bossi erprobt, von Betty Bossi empfohlen!
- Clevere Helfer für Küche und Haushalt
- Innovative Eigenentwicklungen

Bestellen Sie unter www.bettybossi.ch

Betty Bossi

Bitte frankieren

Bitte senden Sie mir weitere Bestell-Karten zu.

Anzahl: ______

Betty Bossi
Die Ideenküche
CH-6009 Luzern

Betty Bossi

Bitte frankieren

Bitte senden Sie mir weitere Bestell-Karten zu.

Anzahl: ______

Betty Bossi
Die Ideenküche
CH-6009 Luzern

2019100

Bestell-Karte für Betty Bossi Kochbücher

Anzahl		Artikel	Preis*
	Kuchen, Cakes und Torten	20024.998	Fr.21.90
	Brot und Brotgerichte	20900.998	Fr.21.90
	Das neue Guetzlibuch	20902.998	Fr.21.90
	Das andere Grillierbuch	20904.998	Fr.21.90
	Feine Saucen und passende Gerichte	20910.998	Fr.21.90
	Neue Alltagsrezepte	20922.998	Fr.21.90
	Weihnachtszauber	20928.998	Fr.19.90
	Kochvergnügen für zwei	20930.998	Fr.21.90
	Gaumenfreuden	20932.998	Fr.21.90
	Gratins und Aufläufe	20934.998	Fr.21.90
	Feste feiern	20936.998	Fr.19.90
	Desserts für alle	20938.998	Fr.21.90
	Antipasti & Pasta	20942.998	Fr.21.90
	Die beliebtesten Rezepte	20948.998	Fr.21.90
	Das neue Salatbuch	27000.998	Fr.21.90
	Aus 1 Pfanne	27002.998	Fr.21.90

Anzahl		Artikel	Preis*
	Backstube	27004.998	Fr.21.90
	Reisküche	27006.998	Fr.21.90
	Niedergaren – leicht gemacht	27010.998	Fr.21.90
	Cake-Festival	27012.998	Fr.21.90
	Feines mit Geflügel	27016.998	Fr.21.90
	Das grosse Betty Bossi Kochbuch	27018.998	Fr.49.90
	Gesund geniessen	27022.998	Fr.21.90
	Wunderbar haltbar	27024.998	Fr.21.90
	Gschnätzlets & Ghackets	27026.998	Fr.21.90
	Backen in der Weihnachtszeit	27028.998	Fr.21.90
	Neue Gemüseküche	27034.998	Fr.21.90
	Wähen, Pizzas, Flammkuchen	27036.998	Fr.21.90
	Schnelle Vorspeisen, Häppchen & Tapas	27038.998	Fr.21.90
	Faszination Curry	27040.998	Fr.21.90
	Kartoffeln	27042.998	Fr.21.90
	Plätzli & Steaks	27044.998	Fr.21.90

Anzahl		Artikel	Preis*
	Schwiizer Chuchi	27046.998	Fr.36.90
	The Swiss Cookbook	27048.998	Fr.36.90
	Fisch und Meeresfrüchte	27050.998	Fr.21.90
	Marktfrische Küche	27052.998	Fr.21.90
	Einfach asiatisch	27054.998	Fr.36.90
	Festtage zum Geniessen	27056.998	Fr.21.90
	Brunch	27058.998	Fr.21.90
	Gratins & …	27060.998	Fr.21.90
	Gesund & Schlank	27064.998	Fr.21.90
	Take 4	27066.998	Fr.21.90
	Echt italienisch	27068.998	Fr.36.90
	Lust auf Wurst	27070.998	Fr.16.90
	Lustvoll vegetarisch	27072.998	Fr.36.90
	Kuchenduft	27074.998	Fr.36.90

Die Rechnung geht an: ☐ Frau ☐ Herr

Kundennummer:

Name:

Vorname:

Strasse:

PLZ/Ort:

*Preisänderung vorbehalten, zzgl. Versandkostenanteil

Betty Bossi

Bitte frankieren

Bitte senden Sie mir weitere Bestell-Karten zu.

Anzahl: ______

Betty Bossi
Die Ideenküche
CH-6009 Luzern